Udo B. Schwartz
First Class

Udo B. Schwartz

First Class

In Spitzen-Restaurants
und Top-Hotels
professionell auftreten

GABLER

Die Deutsche Bibliothek – CIP-Einheitsaufnahme

Schwartz, Udo B.:
First class : in Spitzenrestaurants und Top-Hotels professionell
auftreten / Udo B. Schwartz. – Wiesbaden : Gabler, 1993
ISBN 3-409-18905-X

Der Gabler Verlag ist ein Unternehmen der Verlagsgruppe Bertelsmann International.
© Betriebswirtschaftlicher Verlag Dr. Th. Gabler GmbH, Wiesbaden 1993
Lektorat: Manuela Eckstein

Das Werk einschließlich aller seiner Teile ist urheberrechtlich geschützt. Jede Verwertung außerhalb der engen Grenzen des Urheberrechtsgesetzes ist ohne Zustimmung des Verlages unzulässig und strafbar. Das gilt insbesondere für Vervielfältigungen, Übersetzungen, Mikroverfilmungen und die Einspeicherung und Verarbeitung in elektronischen Systemen.

Höchste inhaltliche und technische Qualität unserer Produkte ist unser Ziel. Bei der Produktion und Verbreitung unserer Bücher wollen wir die Umwelt schonen: Dieses Buch ist auf säurefreiem und chlorfrei gebleichtem Papier gedruckt. Die Einschweißfolie besteht aus Polyäthylen und damit aus organischen Grundstoffen, die weder bei der Herstellung noch bei der Verbrennung Schadstoffe freisetzen.

Die Wiedergabe von Gebrauchsnamen, Handelsnamen, Warenbezeichnungen usw. in diesem Werk berechtigt auch ohne besondere Kennzeichnung nicht zu der Annahme, daß solche Namen im Sinne der Warenzeichen- und Markenschutz-Gesetzgebung als frei zu betrachten wären und daher von jedermann benutzt werden dürften.

Umschlaggestaltung: Schrimpf und Partner, Wiesbaden
Satz: Satzstudio RESchulz, Dreieich-Buchschlag
Druck: Wilhelm & Adam, Heusenstamm
Bindung: Osswald + Co., Neustadt/Weinstr.
Printed in Germany

ISBN 3-409-18905-X

Für Sonja

Vorwort

Dieses Buch habe ich, ein Gast, für Gäste geschrieben. Sowohl für Hotel- als auch für Restaurantgäste. Es ist das Ergebnis vieler glücklicher Stunden, aber auch manch leidvoller Erlebnisse.

Oft empfindet der Gast Unsicherheiten, Mißhelligkeiten, Enttäuschungen und Ärger, das Personal jedoch verspürt Hochmut, Herablassung und ungerechtfertigte Ansprüche. Das wäre nicht nötig, wenn mehr Gäste die Spielregeln kennen würden.

Die Gastronomie ist vielfältig und keinem einheitlichen Maßstab unterzuordnen. Sehr wohl aber die First-Class-Häuser, die prestigeträchtigen, vielsternigen und luxuriösen Hotels und Restaurants, die selbst den Anspruch postulieren, „first class", also weitgehend perfekt zu sein. Um diese geht es in meinem Buch, einzig um diese.

Irgendwie kommt natürlich jeder Gast auch in dieser Kategorie durch. Doch höchstens 30 Prozent der Gäste bewegen sich sicher und souverän in solch exklusivem Ambiente, sagen Fachleute. Und die wissen, wovon sie reden, sie merken es.

Zum Beispiel bei beruflichen Aufsteigern. Diese, inzwischen gewöhnt an die drei L: locker, lässig, leger, stellen plötzlich fest, daß sie zunehmend bei konventionellen Anlässen mitspielen müssen. Ob sie wollen oder nicht.

Auf der Erfolgsleiter wird jeder einmal von seinem Vorgesetzten gecheckt, ob er das Zeug für höhere Positionen hat, neben dem fachlichen Know-how. Bei Dienstreisen, Empfängen oder Gesprächen mit Kunden wird er beobachtet: Hat er sicheres Auftreten in ungewohnter Umgebung? Unbewußtes Fehlverhalten kann zum Karriereknick führen.

Auch privat kommt irgendwann jeder einmal in die Situation, wo er dabei sein, mitmachen muß bei einem Empfang oder Essen in noblem Ambiente. Gerade dann soll die Umgebung keine Unsicherheiten merken. Besonders jüngere Jahrgänge geraten hier leicht in ein Dilemma.

„First Class" vermittelt Ihnen die Zusammenhänge und damit die notwendige Sicherheit, damit Sie Ihre Wünsche zielgenau und, falls nötig, Ihre Rcklamation wirkungsvoll äußern können.

Ich führe Sie in 17 Kapiteln durch die wichtigsten Schlüssel-Stationen im Hotel und im Restaurant. Jedes dieser Kapitel hat vier Teile:

1. Was ein Gast sich manchmal so denkt: ein subjektives Streiflicht des Autors.
2. Was ein Gast erleben kann: Geschichten, die allen schon mal ähnlich passiert sind.
3. Was ein Gast selten erfährt: für den Laien interessante Hintergrund-Infos und -Beispiele.
4. Was ein Gast tun oder nicht tun sollte: Ratschläge, wie man etwas erreicht, ohne sich zu ärgern.

„First Class" steckt voll von oft überraschenden Anregungen, Tips und Hinweisen. Ich habe sie bei vielen versierten Profis gesammelt. Selbst erfahrene Gäste werden häufig verblüfft sein.

Aber, bitte, das hier ist kein Gastro-Lehrbuch, sondern auch anregende Lektüre für interessierte Gäste, unterhaltsamer Lesestoff für vielreisende Damen und Herren.

Ihre persönlichen Erfahrungen, liebe Leserinnen und Leser, die Sie Ihrerseits in der Welt der First-Class-Häuser gesammelt haben, interessieren mich ganz besonders. Wenn Sie Lust und Zeit haben, schreiben Sie mir einfach formlos über den Gabler Verlag, Taunusstraße 54, 65183 Wiesbaden, Stichwort: FIRST CLASS.

UDO B. SCHWARTZ

PS: Für aufschlußreiche Informationen, ständige Hilfe und ehrliche Meinungen danke ich meinen vielen Freunden in der Welt der First-Class-Hotels und -Restaurants, speziell Herrn Kurt E. Schmid, auch für die Ermutigung, dieses Buch zu schreiben, sowie Frau Hannelore Dieter für die Illustrationen. Da die Offenheit der Gespräche oft sehr persönlichen und vertraulichen Charakter hatte, bleiben in diesem Buch Namen von Personen und Häusern grundsätzlich ungenannt.

Inhalt

Vorwort 7

1. Kapitel: Die Hotel-Buchung 13

Aus meiner Sicht: Hilfs-Heimat mit Lüster 14
So kann's laufen: Zu spät für eine Suite mit Lächeln 15
Hinter den Kulissen: Leere Betten lassen sich nicht lagern 18
Die Profis raten: Gleich einem Zimmer-Lotto vorbeugen 21

2. Kapitel: Die Ankunft 25

Aus meiner Sicht: Mitleidsgrenze bei 42 Mark 60 die Stunde 26
So kann's laufen: Bahnhofshalle mit Glitzergehabe 27
Hinter den Kulissen: Führungskraft dient hinter dem Tresen 28
Die Profis raten: Guter Start durch Gelassenheit 32

3. Kapitel: Das Zimmer 35

Aus meiner Sicht: Es wußte meinen Namen 36
So kann's laufen: Versuch's noch einmal, Peter 37
Hinter den Kulissen: Der Schlüsselfaktor 0,66 40
Die Profis raten: Zeit nehmen, nicht auspacken 42

4. Kapitel: Das Hausdamen-Ressort 45

Aus meiner Sicht: Heinzel-Mädchens süße Grüße 46
So kann's laufen: Stumm vor Freude und Schreck 47
Hinter den Kulissen: Eine halbe Million für Blumen 49
Die Profis raten: Weichen stellen fürs Wohlbefinden 52

5. Kapitel: Das Frühstück – Das Essen 55

Aus meiner Sicht: Aufgezäumt mit müden Gesichtern 56
So kann's laufen: Zum Frühstück mise-en-place 57

Hinter den Kulissen: Entscheidung beim Morgen-Ei 58
Die Profis raten: Das Ambiente in der Nähe suchen 63

6. Kapitel: Die Halle – Die Bar 67

Aus meiner Sicht: Supergast mit Messingschild 68
So kann's laufen: Langer Blick ohne Mienenspiel 69
Hinter den Kulissen: Betriebsamkeit und passive Mixer 71
Die Profis raten: Die eigene Laune ernst nehmen 76

7. Kapitel: Die Bankett-Abteilung 81

Aus meiner Sicht: Immer am falschen Tisch 82
So kann's laufen: Frühstück für 15 ohne 2 84
Hinter den Kulissen: Runde Sache aus vielen Details 87
Die Profis raten: Generelles wissen und Details glauben 91

8. Kapitel: Der Chefportier 95

Aus meiner Sicht: Eckige Verschleierungsmethoden 96
So kann's laufen: Die Leidenschaft des Sohnes 97
Hinter den Kulissen: Nur 6000 goldene Schlüsselpaare 99
Die Profis raten: Wunscherfüllung an der Loge 101

9. Kapitel: Die Abreise 105

Aus meiner Sicht: Möglichst schnell zum treuen Stammgast 106
So kann's laufen: Ein Ende ohne Schrecken 108
Hinter den Kulissen: Was bleibt, ist Brei 110
Die Profis raten: Stille Dulder schreiben nicht 112

10. Kapitel: Der Generaldirektor 115

Aus meiner Sicht: Der Wirtsblick, ein Berufsleiden 116
So kann's laufen: Vier Probleme delegiert der Chef 117
Hinter den Kulissen: Kalte Suppen und das Betriebsklima 120
Die Profis raten: Für die letzte Instanz ein Lob 124

11. Kapitel: Der Gast, die Dame 127

Aus meiner Sicht: Dummchen-Ecke und Männchen-Reflex 128
So kann's laufen: Ohne Begleitung am Katzentisch 130
Hinter den Kulissen: Flirt-Gefahr bei Bar-Besuch 134
Die Profis raten: Schwachstellen machen sicher 136

12. Kapitel: Die Tisch-Reservierung 139

Aus meiner Sicht: Mit auf der Bühne sein 140
So kann's laufen: Man sah es ihm nicht an 141
Hinter den Kulissen: Ein echter Ober ist ein Captain 144
Die Profis raten: Nur zehn Minuten Vorplanung 146

13. Kapitel: Der Service 149

Aus meiner Sicht: Alle mal hersehen, ich bin wer! 150
So kann's laufen: Die abgerufenen Rehnüßchen 152
Hinter den Kulissen: Typen, Trends und gutes Tippen 155
Die Profis raten: Arrangeure kulinarischer Konzerte 157

14. Kapitel: Die Küche 163

Aus meiner Sicht: Ein Kampf ohne Siegesfreuden 164
So kann's laufen: Erfolg durch Rat, statt Flop durch Mut 165
Hinter den Kulissen: Konsequenz einer kompromißlosen Priorität .. 168
Die Profis raten: Bestenfalls ein schmutziger Teller 174

15. Kapitel: Die Speisekarte 179

Aus meiner Sicht: Rissolékartoffeln 180
So kann's laufen: Sechs Gänge und die Psychologie 181
Hinter den Kulissen: Blindflug-Bestellung auf französisch 184
Die Profis raten: Aufklärung ohne Scheu vorm Detail 187

16. Kapitel: Der Wein – Der Käse 191

Aus meiner Sicht: Der Kenner ist des Kenners Glück 192
So kann's laufen: Es war kein Roter in Montrachet 194
Hinter den Kulissen: Finanzielle Rücksichtslosigkeit 197
Die Profis raten: Wer die Wahl hat... 200

17. Kapitel: Das Zahlen 205

Aus meiner Sicht: Wir bleiben ihnen etwas schuldig 206
So kann's laufen: Am Ende das Fazit der Gäste 207
Hinter den Kulissen: Im Zweifel nochmal 210
Die Profis raten: Was der Gast hinterläßt 213

Glossar: Ein kleines Speisekarten-Alphabet 217

Kapitel 1
Die Hotel-Buchung

Die meisten Gäste definieren nicht,
was sie wollen, und verlangen keine feste Zusage.
Wer das nicht gleich und genau macht,
hat das Nachsehen.
Der bekommt das Zimmer, das übrig ist.

Aus meiner Sicht:
Hilfs-Heimat mit Lüster

Das Hotel ist nicht Ziel und Zweck einer Reise. Die Urlaubshotels mal beiseite gelassen. Manche Hotels tun zwar so, aber ein solcher Anspruch ist mir viel zu hoch gegriffen.

Wenn ich verreise, ist da zunächst ja meistens irgendein wichtiger Anlaß, der mich von zu Hause forttreibt. Sei es ein privater oder, häufiger, ein geschäftlicher. Erst ist da ein ‚Müssen', ‚es geht nicht anders', Zwang. Vor diesem Hintergrund stellt sich dann die Frage: In welchem Hotel werde ich übernachten?

Was werde ich an dem Abend, fern der Heimat, vor dem Zubettgehen alles wohl nicht haben, was in den eigenen vier Wänden selbstverständlich da ist? Besonders morgens, beim Aufstehen? Diese Gewohnheitsschienen, auf denen ich, noch ganz gedankenlos, sanft geführt, dem Alltag entgegendämmere. All das wird mir vermutlich fehlen.

Mit diesen trostlosen Hintergedanken suche ich dann ein Hotel als eine Art Hilfs-Heimat für die Nacht. Ich will abends vor dem Zähneputzen, schon barfuß, vielleicht noch einen letzten Drink zu den Spätnachrichten im Pyjama nehmen können. Oder ein paar Minuten nach dem Aufstehen gleich einen Tee, aber Ceylon-Tee, und eine bestimmte Morgenzeitung, dazu auch noch dieses und jenes Alltagsdetail zwischen Morgen und Abend. Wenn darüber hinaus alles andere besonders groß, gediegen, schön und luxuriös ist, wunderbar! Aber nicht in erster Linie.

Wer bietet mir das? Diese Funktionalität des Kleinen, des Unwichtigen. Es ist nicht die Größe des Raumes, die mir so furchtbar wichtig ist, sondern daß ich beim nächtlichen Hinübertappen den Schalter der Nachttischlampe gleich in der Hand habe und nicht dabei Telefon und Mineralwasserflasche herunterschmeiße.

Diese Fiktion von einem Zuhause kann gerne gehoben Stils sein. Lüster statt Lampe. Das sollte ruhig hinzukommen. Das Ambiente, das mir das Fremdsein verschönt. Die Atmosphäre, die mich anregt, aber nicht stört.

Und die Menschen, die wenigstens professionell so tun, als ob sie mich mögen, und die sich gar an meinen Namen erinnern und ihn auch sagen.

Nun ja, irgendeinem Hotel traue ich das schon zu. Aber eines weiß ich jetzt schon ganz sicher: Meine Erwartungen und Hoffnungen werden einer anderen Realität gegenüberstehen. Gefährdet und empfindlich werde ich, wie eine Schnecke ohne ihr Haus, an dieser Diskrepanz leiden. Ziemlich gewiß. Und die Daheimgebliebenen beneiden mich gar noch.

Um diesen Zustand zu mildern, vielleicht gar ins freudige Gegenteil zu wenden, wälze ich Unterlagen, Bücher, Prospekte und mache mir vorher viel Mühe mit der Auswahl und den Details meiner Unterbringung. Wenn ich richtig ausgewählt habe, dann versteht mich das Hotel und ist dankbar dafür, daß es weiß, was es für mich tun kann. Woher soll man das dort auch wissen, wenn ich es nicht vorher gesagt habe?

Aber die Angst vor der Enttäuschung läßt mich innerlich die Erwartungen ganz herunterschrauben, so weit, daß ich schon wieder zweifle, ob ich richtig gewählt habe.

Doch wenn wirklich alles klappt? Dann bin ich das, wofür alle Menschen im Hotel arbeiten: ein zufriedener Gast, dem ‚sein' Hotel das Ziel seiner Reise werden kann. Und nur dann!

So schwierig ist das.

So kann's laufen:
Zu spät für eine Suite mit Lächeln

Endlich sitzt er im Taxi. Der Flug war verspätet, schon beim Abflug. Dann hier Warteschleifen und nichts Gescheites gegessen.

‹Eigentlich wollte ich ja hier noch mit dem Diepels essen gehen. Aber nun ist das viel zu spät. Die ganzen Telefonate, die ich noch machen wollte, kann ich vergessen. Zu spät, um noch jemanden anzurufen. Im Hotel werde ich mir als erstes einen Drink genehmigen. Hoffentlich ist es so fabelhaft, wie Diepels es mir geschildert hat.›

Der Wagen hält vor dem Hotel. Freundlich wird er vom Wagenmeister begrüßt, der Page holt die Koffer raus, der Gast geht zur Rezeption. Eine etwas zu distanziert wirkende junge Dame in Uniform sieht ihn an und gibt ihrem Gesicht nur einen Hauch von Freundlichkeit. Er bemerkt das und denkt:

‹Na, fabelhaft ist dieses Minimal-Lächeln aber nicht. Das kommt nur in Großaufnahme, meine Liebe. Etwas mehr, bitte. Na ja, was soll's? Sie ist eben nicht bei uns beim Film, sondern hier.›

„Guten Abend!"

„Guten Abend, mein Herr. Sie hatten reserviert?"

„Ja, auf Brandtner. Wo ist denn hier die Bar?"

„Dort drüben, gleich links. Aber einen Moment, bitte. Herr Brandtner, es tut mir leid: Wir sind völlig ausgebucht."

Der Gast erstarrt.

„Wie bitte? Ich habe reservieren lassen! Auf Brandtner, mit dt, sehen Sie bitte genau nach."

„Ja, das sehe ich hier auch. Ihre Reservierung ist hier. Aber es ist jetzt schon nach halb acht, und da es keine Festbuchung war, mußten wir Ihr Zimmer weggeben."

„Nein!!! Das darf doch nicht wahr sein!! Das ist ja unglaublich! Wozu habe ich denn reserviert?! Meine Maschine hatte Verspätung. Wie sollte ich Ihnen da Bescheid geben?"

„Herr Brandtner, das ist eine ganz normale Buchung. Wir haben bis nach 19 Uhr gewartet, länger ging es nicht mehr. Wir wußten ja nicht, ob Sie überhaupt noch kommen. Und dann müssen wir in einer Situation wie heute das Zimmer leider freigeben. Es sind drei Kongresse in der Stadt ... Aber, selbstverständlich bemühen wir uns ... Lassen Sie mich sehen ... Wissen Sie, der Computer hat da manchmal noch ..."

„Meine Güte, was mache ich denn nun? Ihr Haus wurde mir von Herrn Diepels, meinem Kameramann, so empfohlen. Schauen Sie doch mal ganz genau!"

Er lächelt sie an, und nun lächelt sie auch, aber richtig:

„Doch, ja, hier! Sie haben Glück! Ich kann Ihnen noch ein anderes Zimmer geben, eine schöne Junior-Suite. Wollen Sie die, ja? Gut, hier ist Ihr Zimmerpaß, der Boy bringt das Gepäck hinauf. Achter Stock, dort ist der Fahrstuhl. Angenehmen Aufenthalt, Herr Brandtner!"

Glück gehabt! Wer, das Hotel oder der Gast? Herr Brandtner geht zum Fahrstuhl. Dieser Schreck ist ihm in die Glieder gefahren. Jetzt noch ein Kampf ums Zimmer, am Ende nach einem anderen Hotel suchen, in der überfüllten Stadt, entsetzlicher Gedanke! Na, so ist es nun ja o.k. Dann sieht er auf den Zimmerpaß: Die Suite kostet über die Hälfte mehr, als er wollte. Wieder schießt sein Blutdruck hoch.

‹Wollen die mich ausnehmen? Na, laß es gut sein. Die sitzen am längeren Hebel, zur Zeit. Hauptsache, Du hast Dein Zimmer!›

‹Na, groß ist das ja gerade nicht. Eben eine Junior-Suite. Egal, ich gehe jetzt, so wie ich bin, in die Bar. Hunger habe ich überhaupt keinen mehr.›

So erscheint kurz vor acht ein Herr in leicht verknittertem Anzug in der Bar. Mißmutig klettert er auf einen der vielen freien Barhocker.

‹Die sind alle beim Essen. Wollte die Rezeptionistin mich nur in ein teureres Zimmer kriegen? Na ja, so toll finde ich das Hotel bisher gerade nicht.›

„N'abend, einen Wodka, bitte. Ach nein, lieber einen Whisky. Ohne Eis, mit Wasser extra. Haben Sie auch einen Malt? Welchen? Ach, geben Sie mir erst mal die Karte."

Der Barkeeper stellt sich reflexartig ein:

‹Neuer Gast ... kenne ich nicht ... kennt sich aus ... paßt sicher in unser Haus ... hat jetzt schlechte Laune ... fragt bestimmt gleich nach einem Malt, den wir nicht haben ... mal sehen, ob ich ihn nicht ...›

„Ich habe hier einen Malt, der ist hervorragend, eine ganz kleine Brennerei. Wollen Sie einfach mal probieren? Nur so, einen Schluck, bevor Sie ..."

Hinter den Kulissen:
Leere Betten lassen sich nicht lagern

Die Jahresdurchschnitts-Belegung ist in der Hotelbranche ebenso wichtig wie der Marktanteil in der Konsumgüterindustrie. Mit einem gravierenden Nachteil: Bettenkapazität läßt sich nicht lagern. Nicht belegt heißt verloren.

Amortisation und Profitrechnung sinken. Der Break-even-point variiert, liegt aber oft genug über 70 Prozent. Erst ab dann Profit.

Üblicherweise werden Belegungen von 65 bis 75 Prozent als gut betrachtet. Da fließen die flauen Monate ein, in denen niemand sein Haus voll bekommen kann und jeder froh ist, wenn er 50 Prozent seiner Zimmer belegt hat. Leider läßt sich die Bettenzahl dann zur Hochsaison nicht entsprechend erweitern. Ausgebucht sind 100 Prozent, mehr geht nicht. So sind 80 bis 85 Prozent Jahres-Belegungsrate schon so super, daß man den Generaldirektor einmal entspannt an der Bar treffen könnte. Also eigentlich nie.

Um zu solchen Zahlen zu kommen, genügt es nicht, zufriedene Gäste zu haben. Das ist schon schwer genug. Ein auch entscheidender Faktor ist: Wie geschickt operiert der verantwortliche Chef der Reservierung? Ein Job im mittleren Einkommensbereich von ca. 3.500 DM brutto monatlich. Es liegt in seinem Verantwortungsbereich, die Annahme von Belegungen zu steuern. Vollbuchen, bis das letzte Zimmer reserviert ist, das wäre zu einfach.

Zu viele Einflußfaktoren sind hier wirksam. In diesem Bereich ähnelt die Hotellerie den Fluggesellschaften.

Neben den ganz normalen Stornierungen gibt es hier wie dort die No-Shows. Der erwartete angemeldete Gast kommt nicht. Bleibt sein Zimmer nun leer, kommt nie eine zufriedenstellende Belegung des Hauses zustande. Der Ausfallanteil kann je nach Stadt, Jahreszeit und Haus bis zu 20 Prozent der vorliegenden Buchungen betragen.

Also muß man deswegen etwas vorhalten, mehr Zimmer zusagen, als man hat, um schließlich möglichst nahe bei 100 Prozent zu landen; maximal zehn Prozent.

Andererseits entsteht überraschender zusätzlicher Bettenbedarf durch unerwartete Gäste. Durch sogenannte gute Gäste, also Prominente, Stars, Stammgäste, wichtige Neukunden, denen man einfach nicht absagen kann, ohne sich selbst als Hotel einen dauerhaften Schaden zuzufügen.

Da kann, als Beispiel, die plötzliche Buchung von zehn Zimmern für einen Scheich mit Anhang durchaus die Umsatzstatistik beeinflussen. Wenn diese zwölf Personen drei Wochen bleiben und sämtliche Mahlzeiten im Hotel einnehmen, ist eine Rechnung von 150.000 DM durchaus möglich. Und mancher internationale Star hat allein Telefongebühren von einigen Tausend Mark in zwei, drei Tagen produziert und bezahlt. Diese Kosten werden bekanntlich auch profitabel kalkuliert.

Umgekehrt können auch ungeplante Verlängerungen des Aufenthalts von Gästen einen Zimmerbedarf in die Höhe treiben. Wenn unberechenbare Faktoren zusammenkommen, wie Wetter und Weltlage, können plötzlich fünf bis zehn Prozent der Zimmer belegt bleiben, die man eigentlich zur Verfügung wähnte. Also sollte eine Art eiserne Kapazitätsreserve als Manövriermasse da sein, das wäre aber das Gegenteil des vorher Gesagten. Sind keine Reserven da, müßte das Hotel dem Gast, der sich nicht rechtzeitig mit der Reservierung abgesprochen hat, einen Verlängerungswunsch ausschlagen.

Wann, wieviel und wem aus diesem schwankenden Bettenpotential Zusagen oder Absagen erwachsen, liegt in der Hand des Reservierungsleiters, an dessen Fingerspitzengefühl. Ein Grund, weshalb an dieser Stelle oft Frauen tätig sind.

Sie oder er soll berücksichtigen, wie viele Zusatzbuchungen und wie viele Stornierungen zu erwarten sind. An diesem Werktag in diesem Monat in diesem Hotel. Unterstützt wird die Reservierungsleitung dabei neuerdings durch die Datenverarbeitung. Sie ermöglicht das sogenannte Yield-Management. Alle denkbaren Kriterien und Variablen werden eingegeben. Je mehr Material, desto wahrscheinlicher stimmt die Abwägung des Computers.

Voraussschaubare und jetzt auch wirklich auf dem Bildschirm früh sichtbare Schwankungen werden inzwischen auch in dieser Branche durch das Marketinginstrument Preis gesteuert. Die Zeiten, in denen jedem Gast über längere Zeiten hinweg gültige, feste Zimmerpreise geboten wurden, sind eigentlich schon vorüber. Liegen wenige Buchungen vor, werden niedrigere Preise angeboten. Ist Hochsaison, wie beispielsweise bei Messen, wird genommen, was der Markt hergibt.

So schlafen möglicherweise drei Gäste in der gleichen Nacht nebeneinander im selben Zimmertyp, zahlen aber völlig unterschiedliche Preise, je nachdem, wann der Betreffende gebucht hat. Die meisten Häuser verfahren so, mehr oder weniger rigoros und mehr oder weniger erfolgreich.

Für die Reservierungsleiterin schlägt so gegen 18 Uhr die Stunde der Wahrheit. Da muß für die kommende Nacht entschieden werden, ob der wartende Gast ohne Vorbuchung angenommen wird, weil der erwartete Gast wohl nicht mehr kommen wird. Oder umgekehrt. Das einzige Ziel ist die 100prozentige Belegung.

Hat sie dabei nur ein kleines bißchen Pech, dann hat sie gleich eine ganze Menge Ärger.

Die Profis raten:
Gleich einem Zimmer-Lotto vorbeugen

Bei telefonischen Buchungen raten wir Ihnen, sich Notizen zu machen und mit auf die Reise zu nehmen: Gesprächspartner, spezielle Vereinbarungen, Hinweise und Datum mit Uhrzeit. Eigentlich sollte sich sowieso jeder Angestellte eines Hotels mit seinem Namen melden. Das ist schon ein Qualitätsaspekt.

> Wer von den vielen, oft in Schichtdienst arbeitenden Hotelmitarbeitern hat Ihnen was zugesagt?

Irgendwelche Besonderheiten des Hotels haben Sie dazu bewogen, sich für dieses Haus zu entscheiden. Fragen Sie nach diesen zwei, drei Punkten. Wer weiß, ob das im Augenblick so ist, wie Sie denken? Niemand wird Ihnen von sich aus im voraus sagen, daß dort gerade ein Stockwerk umgebaut wird, mit den daraus entstehenden Nachteilen. Und Sie wollen vielleicht ja gerade dorthin, weil es tagsüber so ruhig ist, war.

> Fragen Sie, ob das, was für Sie in dem Haus entscheidend ist, auch bei Ihrem Aufenthalt gewährleistet ist.

✻

Die Hotel-Buchung

Jeder hat seine eigenen Schlafgewohnheiten. Die Hotels richten sich darauf ein und bieten Ihnen die unterschiedlichsten Arten von Betten an. Wir wollen Ihnen hier kurz die gebräuchlichsten Bezeichnungen aufzählen, weil sie leicht zu Irrtümern führen können:

- Einzelbett heißt in den meisten Fällen kein französisches breites Bett, sondern ein ganz normales, zirka 1 x 2 Meter.
- Doppelzimmer heißt zwei einzelne Betten, nebeneinander, auch twin-bed genannt, können aber auch getrennt stehen, z.B. durch Nachtschrank.
- Französisches Bett heißt einteilig und breit für eine oder zwei Personen, dieses kann in King-Size sein, also sehr breit, oder
- Queen-Size, was soviel bedeutet wie „nicht ganz so breit".

> Klären Sie vorher genau, in welcher Art Bett Sie schlafen wollen – und dort können.

Bei der Buchung des Hotelzimmers sollten Sie gleich klären, ob in dem Zimmerpreis das Frühstück enthalten ist oder nicht: Es kann 20 bis 30 DM kosten, je Person, nicht pro Zimmer, und Preisvergleiche müssen auf der gleichen Basis erfolgen. Wir wissen, es ist ärgerlich, wenn man erst beim Bezahlen feststellt, daß der Zimmerpreis sich durch das Frühstück gar um fast 60 DM verteuert. Außerdem erstatten manche Firmen nur den Zimmerpreis als Spesen, das separat berechnete Frühstück ist dann Privatvergnügen.

> Ist das Frühstück im Zimmerpreis enthalten?

Auf welchem Wege kommt man eigentlich an den aktuell günstigsten Preis eines Hotelzimmers? Wir hören oft von guten Erfahrungen mit Reisebüros. Sie haben regelmäßige Verbindungen zu den großen Buchungspools, die wiederum mit Kontingenten und Preisen arbeiten, deren Wettbewerbsfähigkeit geprüft ist. Zumindest ist sie wahrscheinlich. Wir haben gehört, das könne bis zu 50 Prozent billiger sein, als wenn Sie selbst direkt im Hotel anrufen. Besonders die schwachen Monate Dezember und Januar sowie Juli und August bringen da höchst angenehme Überraschungen. In diesen Monaten finden Sie ziemlich sicher überall besonders preisgünstige „packages", Angebots-Kombinationen, die Sie vielleicht nutzen können. Noch ein Tip: Wenn Sie die Nerven behalten, fragen Sie erst am Ankunftstag nach den Preisen. Je näher der Tag mit leeren Betten kommt, desto größer ist die Bereitschaft der Hotels, die Preise herunterzusetzen. Wichtig sind Messe- und Veranstaltungskalender der Städte, in die Sie häufiger reisen. Die sollte Ihre Sekretärin einmal im Jahr rechtzeitig anfordern. Dann aber aufpassen: alle Preise sind ganz oben.

> Saison- und Regional-Termine beachten und Zimmerpreise über ein größeres Reisebüro prüfen lassen!

Fordern Sie grundsätzlich, daß Ihnen sämtliche für Sie anwendbaren Leistungspakete und Sonderkonditionen genannt beziehungsweise schriftlich nachgereicht werden. Ein Weekend für zwei zum Preis für einen, das ist längst als Teil des Marketing-Instrumentariums bis in die höchsten Kategorien salonfähig geworden, vor allem bei den Hotelketten.

> Warum sollen Sie derjenige sein, der für ein Zimmer mehr bezahlt als der Gast im gleichen Zimmer nebenan?

Wir raten den Gästen, sich unter allen Umständen Zimmerreservierungen schriftlich bestätigen zu lassen. Erstaunlicherweise bestehen zirka 25 Prozent nicht darauf. Sie sind dann natürlich die am ehesten disponible Masse der Reservierungsabteilungen, und diese wollen sie sich auch erhalten. Darum sollte der Gast selbst darauf achten.

> Zimmerbuchungen immer vom Hotel schriftlich bestätigen lassen und nachprüfen.

*

24 Die Hotel-Buchung

Achten Sie auf Ihre Ankunftszeit. Vor 18 Uhr sollte das Hotel erfahren, daß Sie eventuell später ankommen. Sonst droht Streichung. Sicher wird man sich dann bemühen, Sie unterzubringen, aber wo, und welche Umstände Ihnen das macht, und ob es überhaupt möglich ist, das ist ein großes Risiko. Ihres, als Gast.

> Wenn Sie erst nach 18 Uhr einchecken können, auch falls nur die Gefahr besteht, anrufen lassen, besser: faxen.

Ist Ihr Aufenthalt bombensicher, und wollen Sie Ihre Übernachtung unter allen Umständen garantiert wissen, dann geben Sie schriftlich eine Garantie-Reservierung. Das bedeutet natürlich auch, daß Sie das Zimmer bezahlen müssen, wenn bei Ihnen nun doch etwas anders läuft und Sie nicht dort übernachten. Verlangen Sie schriftliche Bestätigung, geben Sie Ihre Kreditkarten-Nummer, oder senden Sie in heiklen Fällen, zum Beispiel bei einer Messe während Ihres geplanten Aufenthalts, ein Deposit, eine Anzahlung.

> Am sichersten ist die ‚Garantierte Reservierung'. Geht Ihnen etwas schief, ist es auch die teuerste.

Kapitel 2
Die Ankunft

Wenige der ankommenden Gäste prüfen gleich
die Einhaltung ihrer Reservierungsdetails.
Und sie steuern nicht den ersten Eindruck,
den sie selbst auf das Personal machen.
Sie werden es weniger angenehm haben als andere.

Aus meiner Sicht:
Mitleidsgrenze bei 42 Mark 60 die Stunde

Der Preis steuert die Ansprüche, auch im Hotel. So ab 300 Mark pro Nase und Nacht werde ich anspruchsvoll, und meine Nachsicht beginnt abzunehmen. Da endet das Mitleid mit den Personalproblemen des Hoteliers.

Natürlich kann ich, noch, meine Koffer selbst tragen, den Fahrstuhl suchen, das Zimmer finden und das Licht im Bad selber anknipsen. Ich schlafe auch ein, wenn kein Nachtportier mir angenehme Ruhe gewünscht hat.

Eigentlich brauche ich überhaupt wenig. Das habe ich beim Überlebenstraining für Manager gelernt. Aber wenn ich im Fünf-Sterne-Hotel wohnen will und dafür zahle, dann will ich auch den Gegenwert. Wofür sonst dieser Preis? Für sieben Stunden Schlaf sind das 42,60 DM je Stunde.

Dafür will ich Hilfe beim Koffertragen, vor dem Schlafengehen mit einem Barkeeper reden können und morgens jemanden finden, der mir freundlich sagt, wann der Zug geht. Ich verlange, daß mich jemand erkennt, beachtet, sich um mich kümmert und mich etwas verwöhnt. Es liegt eben doch immer noch an den Menschen im Hotel. Ohne Gastgeber bin ich kein Gast.

Wenn das nicht geht, dann bitte runter mit den Preisen! Oder ganz konsequent: die menschenleere Anonymen-Herberge, mit Kreditkarten-Rezeptions-Automaten, Einheitszimmer und Eisautomaten im Flur. Aber dann schlafe ich da die ganze Nacht mit Frau und Kind fürs gleiche Geld wie dort nur eine Stunde. Nicht lachen, gibt's schon!

Aber immer mehr Geld verlangen bei gleichbleibender oder gar schleichend geringer werdender Leistung? Es gibt leider auch Häuser, wo man das auf Schritt und Tritt feststellen muß. Das ärgert mich. Und ich wehre mich dagegen, daß diese Minderleistungen dadurch verteidigt werden, daß man mich als zu anspruchsvoll bezeichnet. Nein, ich bewahre mir nur einen realistischen Blick für das Verhältnis von Preis und Leistung!

Was jedoch tun in solch mißlichem Fall? Was hilft da? Möglicherweise beim Hotel-Boß schriftlich beschweren, vielleicht weiß der gar nichts von seinen Problemen. Und sonst? Sich das Hotel merken und allen weitersagen! Vielleicht erzieht ein sinkender Umsatz diese Schröpfköpfe doch zu ehrlicher Kalkulation. Es sind vermeidbare Ausnahmen.

So kann's laufen:
Bahnhofshalle mit Glitzergehabe

Die Fassade des Hotels ist angestrahlt wie der Dom nebenan. Umweht von Fahnen, die eine UNO-Sitzung hinter den Mauern vermuten lassen. Sogar ein Teppich reicht heraus aus dem Säulenportal, bis zum Kantstein, an dem mein Taxi hält.

‹Donnerwetter! Das Hotel ist offenbar pompöser, als ich dachte. Sehr beeindruckend! Da wird ja wohl alles 150prozentig sein. Ich bin dort, wo die Großen der Welt zu Hause sind. Na gut, warum nicht!?›

Aber leider regnet es.

‹Ärgerlich: Das Vordach reicht nicht so weit wie der Teppich! Naß werde ich werden!›

Der anreisende Gast bleibt erst einmal im Taxi sitzen und bezahlt. Dabei lugt er aus dem Seitenfenster. Er starrt in mürrische Gesichter: Gäste, die in sein Taxi wollen. Aber wo ist er, der uniformierte Zylinderträger, der hier bestimmt sonst steht? Mit großem Schirm. Nichts zu sehen. Seine Koffer stellt der Taxler neben das Auto in den Regen.

„Bitte, tragen Sie mir doch das Gepäck rein!"

„Tut mir leid! Keine Zeit! Sie sehen ja!"

Seine neuen Fahrgäste sitzen schon drin. Der Gast wird naß, geschubst und rempelt mit seinen Koffern durch die Drehtür.

Nun ist er im Trockenen gelandet: die Halle! Es gleißt und glänzt, dicke Teppiche und gedämpftes Licht. Aber offenbar nicht der Ort, an dem die Pagen zu tun haben. Vom Personal ist niemand zu sehen, nur Gäste. Davon aber reichlich.

Der Tresen der Rezeption ist umlagert. Einige in nassen Mänteln, wie er. Und eine Menge Herren im Abendanzug mit Damen in Lang.

‹Ach ja! Festspiele! Daran hatte ich nicht gedacht.›

Einige jüngere Damen und Herren hinter dem Rezeptions-Counter, gekleidet im Corporate-Mausgrau des Hauses, mühen sich redlich – auch, das Lächeln zu wahren. Festspiel-Figaros: „…alles auf einmal…!" Sie können einem leid tun.

‹Da stehe ich nun. Um mich soll sich doch alles drehen, hier, in solchem Hause. Ich bin ein Gast! Aber offenbar einer von zu vielen. Schreckliche Atmosphäre in dieser Halle. Ungeduld, Hektik, Menschen. Ein richtiges Touristen-Gedrängel. Da nützt das ganze Glitzergehabe nichts mehr. Keine große Welt. Bahnhofshalle in elegant!›

Schade! In diesen Sekunden geraten seine Erwartungen ins Rutschen. Vielleicht hätte er doch, wie sonst, in dem kleineren Hotel absteigen sollen? Er wird mißtrauisch. Wer weiß, was hier sonst noch schiefgeht? Da, neben ihm eine Stimme:

„Kann ich Ihnen helfen, mein Herr? Da ist leider gerade in diesem Moment ein Engpaß entstanden, aber wir verdoppeln gerade die Besetzung des Counters. Das ist in wenigen Minuten vorbei. Haben Sie es eilig?"

Das freundliche Lächeln eines Herrn in dunklem Zivil. Es ist der Empfangschef selber, der seiner Mannschaft hilft, das Gedrängel abzubauen. Vom anderen Ende her, zangenmäßig sozusagen. Nein, unser Gast hat es nicht eilig. Der Rezeptions-Boß greift nach den Koffern und sagt:

„Darf ich Ihnen die schon einmal abnehmen und ins Depot tun? Vielleicht gehen Sie kurz dort drüben in unsere Bar, dort ist Ruhe. Ich bringe Ihnen gleich die Koffer-Bons dorthin und kümmere mich um Ihre Buchung. Wie ist, bitte, Ihr Name?"

Der Gast atmet auf. Sein Blick bekommt wieder Glanz.

‹Gute Leute! Gutes Haus!›

Hinter den Kulissen:
Führungskraft dient hinter dem Tresen

Selbstverständlich bemühen sich alle guten Hotels, jeden Gast freundlich zu begrüßen. In der Praxis und im Detail ist das jedoch schwierig zu bewerkstelligen. Eine Personalfrage, die wegen der Kosten und der selten gewordenen Anpassungsfähigkeit beziehungsweise -willigkeit heutzutage kaum noch 100prozentig lösbar ist.

Entscheidend ist das Niveau von zwei leitenden Mitarbeitern, die den ankommende Gast hinter der Barriere erwarten:

1. der Empfangschef, Leiter der Abteilung Empfang beziehungsweise Rezeption, sowie

2. meistens, gleich daneben, der Chefportier, der Concierge.

Der Empfangschef hat nicht in jedem Haus die gleiche Kompetenz. Der Chefportier ist ihm stets unterstellt, der erfahrene langgediente Portier redet aber auch direkt mit der Direktion. Auch die Telefonzentrale gehört manchmal zum Verantwortungsbereich des Chefportiers, manchmal untersteht sie dem Empfangschef. Wie auch immer: eine zentrale Verantwortung haben beide.

Früher waren diese beiden diejenigen, die den gerade ankommenden Gast sofort wiedererkannten und mit Namen anreden konnten, auch wenn er erst ein-, zweimal in dem Hotel gewohnt hat. Wenigstens einer von den beiden – auch nicht immer, aber eben doch häufig, ohne Datenverarbeitung. Durch die Personalfluktuation sind solche Mitarbeiter kaum noch anzutreffen. Leider, aber logisch, denn das ist eben genau das, was alle Datenverarbeitung nicht leisten kann: persönliche Kompetenz und menschlichen Kontakt.

Der Job des Empfangschefs, auf den Portier kommen wir später noch gesondert zu sprechen, bedarf besonderer Menschen- und Sachkenntnis. Nur lange Erfahrung befähigt dazu. Und Treue zu dem Haus, dessen ‚front-desk-manager' er ist. Er sollte die menschgewordene Corporate Identity des Hauses sein.

Doch welcher Angestellte hat heute noch die Ausdauer, in seinem Job heranzureifen?

Auch Führungsqualitäten muß er haben, denn die Besetzung der Rezeption ist problematisch.

Der Empfang ist genau der Job, nach dem viele Neulinge, Damen und Herren, streben. Allerdings mit völlig falschen Vorstellungen: buntes Treiben, immer unter Menschen, auf tolle Gäste Eindruck machen, den Großen dieser Welt begegnen, immer im Glanz der Hotelhalle. Falsch! Funktionell

30 Die Ankunft

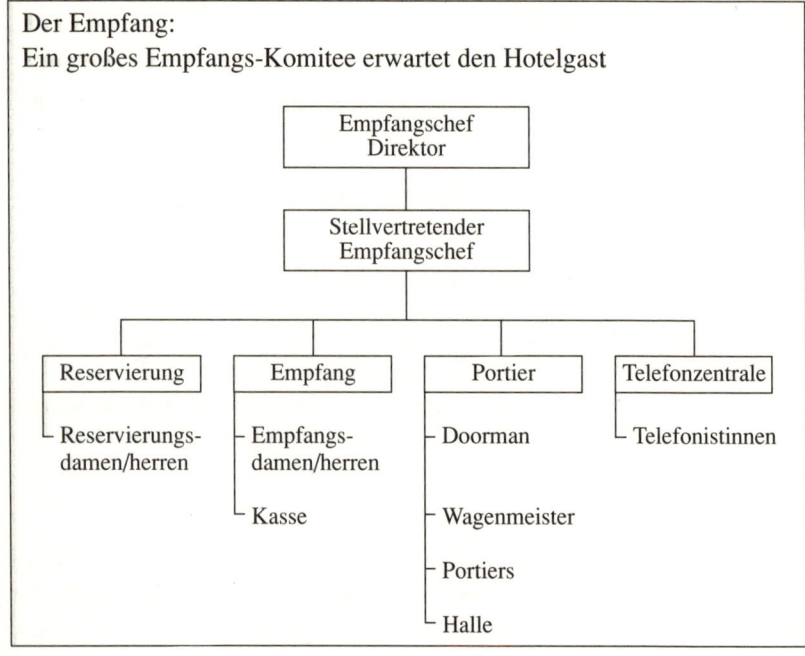

Der Empfang:
Ein großes Empfangs-Komitee erwartet den Hotelgast

- Empfangschef Direktor
- Stellvertretender Empfangschef
- Reservierung
  - Reservierungsdamen/herren
- Empfang
  - Empfangsdamen/herren
  - Kasse
- Portier
  - Doorman
  - Wagenmeister
  - Portiers
  - Halle
- Telefonzentrale
  - Telefonistinnen

ist der Empfang die Eingangsschleuse des Hotels, eine Art Checkpoint, Gäste-Erfassungs-Kontroll-Station.

Die richtigen, schon etwas erfahreneren Bewerber kommen meistens aus anderen Bereichen der Dienstleistung und müssen sich überraschend hart einarbeiten. Die jüngeren sind nicht selten Söhne oder Töchter von guten Gästen. Eine heikle Sache! Vater, Stammgast, hat Tochter ohne Ausbildung: die will ins Hotel, findet sie toll. Siehe oben. Gutes Benehmen garantiert ja der Name. Das genügt doch, oder?

Armer Hoteldirektor! Und armer Empfangschef, der das Betriebsklima in seiner Abteilung hochhalten soll. Denn die Kollegin der neuen jungen Dame lebt nämlich von ihrem Gehalt. Knappe 2.500 DM brutto plus maximal 20 Prozent Sachleistungen. Für Verpflegung werden oft im Monat rund 70 DM vom Gehalt abgezogen, die Selbstkosten des Hotels betragen sicher das Dreifache. Wohnungszuschuß, Uniform, Reinigung und Wäsche können dazukommen.

Wie die Wahrheit sagen, ohne den Herrn Papa als guten Gast zu verlieren? Der Alltag am Front-desk ist: schwierige Gäste, heikle Probleme, Stoßgeschäft, oft Schichtdienst, viel Streß und immer Freundlichkeit ausstrahlen – immer! Ein Prellbock-Job ersten Ranges. Da werden guter Wille plus gute Erziehung allein rasch überstrapaziert, unversehens und ungewollt zu Arroganz und motziger Sperrigkeit. Und das ist das Gegenteil des Geforderten. Nicht nur konstante Hilfsbereitschaft, sondern auch die Fähigkeit zu helfen. Gute Kenntnisse über die Möglichkeiten dieses Hotels und auch über die gerade aktuellen internen Probleme des Hauses sind nötig. Erst dann weiß man, wie und wann und womit dem Gast geholfen werden kann. Lächelnd!

Vielleicht doch lieber erst mal als Page anfangen? Wie früher alle! Von unten rauf? Aber doch nicht mein Sohn! Dabei ist der Pagenjob gar nicht so schlecht für den Start: Man lernt auch die Leute kennen, bekommt aber gesagt, wann und was bei wem zu machen ist. Also keine große Verantwortung. Kein Gast erwartet von ihm viel mehr als Fixsein und Freundlichkeit und den Eindruck: ein netter junger Mann! Die Tips und Trinkgelder sind dabei gar nicht so schlecht. Tür aufreißen, strahlen und laut krähen: „Guten Tag, Herr Meier!" Das genügt manchmal schon für einen guten Tip. Da rackert sich die Rezeptionistin mehr ab und bekommt eigentlich nie etwas extra dafür.

Schlimm wäre es, den Doorman für den Portier zu halten. Falls draußen, vor dem Eingang des Hotels, ein Uniformierter steht, häufig admiralsähnlich ausgestattet, mit Schirmmütze oder mit einem Zylinder, das ist gegebenenfalls übrigens ein Muß, laut Dienstvertrag: das ist der Doorman. Er begrüßt die ankommenden Gäste als erster. Er hilft aus dem Wagen, kümmert sich ums Gepäck, und er besorgt den Gästen ein Taxi.

Und er organisiert, daß dann der Wagenmeister, den der Gast selten zu sehen bekommt, sich um das Auto kümmert: für Gäste mit eigenem Wagen gegebenenfalls das ‚Valet-Parking'. Das ist der US-Name für: ankommen, Schlüssel stecken lassen, aussteigen, sagen, daß man ankommender Gast ist, Gepäck im Wagen hat und wie lange der Wagen geparkt werden soll. Und dann, ‚valet', einfach im Hotel verschwinden. Alles andere macht der Wagenmeister mit den Hausdienern, Pagen und Azubis, je nachdem, welche Hilfskräfte ihm zur Verfügung stehen.

In diesem Kompetenz-Spiel des ersten Eindrucks hat der Hoteldiener eine ganz klare Aufgabe: Er schleppt, holt, bringt, besorgt alles, was die Gäste und die anderen nicht können, dürfen oder wollen. Darum bei uns ziemlich ausgestorben. Im Ausland oft ein begehrter Job, da sehr tip-intensiv. In den USA hat der ‚bell-boy' sogar einen eigenen Chef, den ‚bell-captain', mit separatem Pult in der Halle und einem Fuhrpark messingblitzender Handwägelchen fürs Gepäck.

Doch davon kann ein Hotelier hierzulande nur träumen. Er hat kürzlich über Hotel-Computer gelesen, die das ganze Empfangskomitee überflüssig machen sollen. Ein Alptraum – nicht nur für die Gäste, auch für ihn.

Die Profis raten:
Guter Start durch Gelassenheit

Wir haben festgestellt, daß ein gutes Verhältnis zwischen Gast und Hotel sich unter Umständen in den ersten Minuten entscheiden kann. Beide Seiten machen aufeinander einen ersten Eindruck: das Hotel und sein Personal auf den neuen Gast, aber auch der ankommende Gast selbst auf das Personal. Das sind häufig Zufälle und Kleinigkeiten, die jedoch ausschlaggebend sein können. Durchaus sind das nicht Kleidung und Koffer des Gastes – obwohl Äußerlichkeiten natürlich hier auch eine gewisse Rolle spielen, trotz aller legeren Auffassungen zu diesem Thema. Aber immer weniger! Erfahrenes Personal erkennt den Gast viel genauer an seinem Auftritt. Gelassene Sicherheit ist wichtiger als ein Maßhemd. Noch entscheidender sind die Trinkgelder, die Tips. Alle Bediensteten eines Hotel werden nicht so bezahlt, daß ihnen die Höhe des Tips gleichgültig sein kann. Das Trinkgeld ist besser mit Gehaltsergänzung bezeichnet. Dazu mehr an anderer Stelle. Wir wollen hier nur andeuten, daß die Höhe des Tips, den ein Gast gibt, unter den Angestellten ein Gesprächsthema ist. Das sollten Sie nutzen, gleich von Anfang an.

Auch Sie machen einen ‚ersten Eindruck'!

*

Geben Sie also beim Aussteigen aus dem Wagen dem Doorman gleich einen Tip in die Hand, wenn er Ihnen das Gepäck-Ticket gibt. Sie werden ihn brauchen, wenn Sie zum Beispiel, wie viele andere Gäste, zur Rush-hour ein Taxi brauchen. Er ist ein Meister im Verschieben der Reihenfolge. Bleiben Sie länger im Hotel, oder kommen und gehen Sie häufig mit eigenem Wagen, soll er sich um Nachtanken und ähnliches kümmern, dann sind 10 bis 20 DM schon angebracht.

> Wessen Dienste werden Sie häufig brauchen? Diejenigen sollten Sie bei Ankunft gut tippen!

Auch dem Pagen beziehungsweise dem Hausdiener, der Ihre Koffer aus dem Auto hievt, geben Sie etwas, falls sie noch dabei und nicht schon auf dem Weg zur Rezeption sind. Je Gepäckstück genügt 1 DM. Beobachten Sie überhaupt möglichst lange Ihr Gepäck. Gestohlen wird es kaum, aber Verwechslungen passieren, und das Nachforschen macht unnütze Umstände.

> Gepäck möglichst im Auge behalten!

Wenn Ihnen der Ansturm an der Rezeption, speziell vormittags kommt das leicht vor, im Moment zu groß ist: Haben Sie etwas Zeit? Dann gehen Sie ruhig erst frühstücken, oder setzen Sie sich in die Halle. Sind Sie sehr in Eile: Geben Sie Ihre Gepäck-Nummer dem Wagenmeister oder dem Portier und fahren gleich mit dem Wagen weiter in die Stadt, oder sagen Sie an der Rezeption, daß Sie sofort in Ihr Zimmer müssen. Man wird es möglich machen.

> Werfen Sie sich, wenn es geht, nicht ins Stoßgeschäft!

Wenn es problematisch wird, bitten Sie den Portier um Hilfe. Niemand erkennt Ihre Probleme besser und weiß, wie dieses Haus sie in diesem Augenblick lösen kann. Für den ganzen Aufenthalt wird es für Sie von Nutzen sein, wenn er Sie kennt. Und wenn er Ihnen geholfen hat, je nach Problem, gut tippen.

> Schaffen Sie gleich einen guten Kontakt mit dem Portier!

Kapitel 3
Das Zimmer

Irritierte Gäste, die sich selbst abmühen,
um Hoteleigenheiten aufzuklären,
verzichten auf bezahlte Leistung.
Alles Personal gibt ihnen Rat und Hilfe.
Wer resigniert, hat selbst schuld.

Aus meiner Sicht:
Es wußte meinen Namen

So, das Gepäck ist drin, der Hausdiener ist raus. Ich sehe mich um. Alles o.k., sauber, hell, Bett, Sessel, Tisch, alles da, alles richtig, mein Zimmer. Meines? Es ist sehr edel und total aufgeräumt, aber meines? Es kommt mir so schrecklich neutral vor. Es fremdelt. Mir fällt plötzlich das Wort Fremden-Zimmer ein.

Es hat nichts mit dem Geschmack der Einrichtung und meinem persönlichen Schönheitssinn zu tun. Irgendwie sind alle Hotelzimmer, ab einem gewissen Niveau aufwärts, schön und edel. Natürlich nicht so wie mein Wohnzimmer. Auch nicht so, wie ich mir ein neues Schlafzimmer einrichten würde. Aber irgendeinen gehobenen Stil haben diese kombinierten Schlaf- und Wohnzimmer alle.

Es ist alles da, was man erwarten kann. Aber was ist es denn nun, das diesen Raum trotzdem irgendwie so unpersönlich macht?

Dieser Raum ist neutral, ist bereit für jeden. Für jeden anderen auch. Und es ist ihm völlig egal, wer da einzieht und darin sein Privatleben entfaltet. Es hat einen Gast erwartet. Aber irgendeinen, nicht mich!

Nun, wie soll es auch anders sein? Ich bin eben in ein bereitstehendes Hotelzimmer eingezogen. Was erwarte ich denn? Das geht doch gar nicht anders. Wirklich nicht?

Ich habe mal in einem Hotel gewohnt, da lag, als ich hereinkam, auf dem Tisch eine Karte. Nicht der Umschlag für den VIP-Gast, mit Gruß vom Direktor, gelehnt an den Früchtekorb unter Klarsichtfolie. Nein, ich war nur ein ganz normaler, unbekannter Gast, das erste Mal im Haus.

Aber oben stand mein Name. Handgeschrieben. Darunter, gedruckt, ein „Willkommen in Ihrem Zimmer, Ihr Zuhause für die nächste Zeit." Ein kleiner freundlicher Gruß. Und noch die Namen der Hausdame und des Chefportiers, die mir gerne ...

Mir!

Da hatte es jemand geschafft: Es war mein Zimmer! Irgendwie war es möglich gemacht worden. Sicher ging das nicht bei allen Gästen, aber offenbar bei denen, die rechtzeitig reserviert hatten. Die Reservierungsabteilung, die Hausdame, der Etagenservice, die Zimmermädchen? Ich weiß es nicht, wer auch immer, es war so.

Das hat Eindruck auf mich gemacht. Ich war nun ein Gast, der sich nicht fühlte wie eine wandelnde Daten-Code-Nummer: unbekannt, unerkannt und morgen vergessen.

Ob durch eine solche Karte oder anders: Es ist nur eine Kleinigkeit. Das Zimmer wußte meinen Namen. Mein Zimmer...

So kann's laufen:
Versuch's noch einmal, Peter

Im Fahrstuhl betrachtete der ältere Herr interessiert das Plastikkärtchen, das ihm die Rezeptionistin in die Hand gedrückt hatte.

‹Die haben hier also diese neuartigen Türschlösser. Ohne Schlüssel. Davon habe ich gelesen: Computer, an jeder Tür. Wie das wohl programmiert wird? Die hat mir gar nicht gesagt, wie das geht. Ist wohl inzwischen selbstverständlich. Na, wir werden ja sehen!›

Die weißhaarige Dame neben ihm, offenbar seine Frau, sah sich um.

‹Und unser Gepäck? Für die Koffer gibt es wohl einen Extra-Fahrstuhl? Hoffentlich hat der auch mein Beauty-case mitgenommen. Die sind so leicht zu verwechseln.›

Es bingt leise, die 22 läutet auf. Die Tür teilt sich rasch. Beide stehen allein auf dem Flur. Hinter ihnen ist die Fahrstuhltür schon längst wieder zu.

„Wo geht's lang? Ah, hier steht 2201 bis 2228. Welche Nummer haben wir?"

„Weiß ich doch nicht, Du hast doch den Schlüssel bekommen!"

„Ich habe gar keinen Schlüssel! Ich habe nur ein Kärtchen aus Plastik, und da steht keine Nummer drauf. Aber Du hast doch so ein Büchlein bekommen, steht da nicht die Zimmernummer drauf? Ja, siehst Du: Zimmer 2209. Hier lang!"

38 Das Zimmer

An der Tür von 2209 ist unter der Klinke ein dicker Kasten. Ein rotes Lichtchen leuchtet.

‹Stelle ich mich jetzt blöd an: Wie 'rum steckt man das nun rein? Egal, hinein damit. Und nun? Geht nicht auf. Wann muß ich die Karte wieder rausnehmen? Jetzt, damit sie aufgeht? Drücken! Zu! Ärgerlich!›

„Peter, versuch's doch nochmal. Es geht sicher. Da, es leuchtet grün! Drücke mal, rasch! Na, also. Geht doch."

Hinter ihnen kommt auch gerade der dunkelhaarige Hausdiener mit einer Karre und dem Gepäck. Die Dame guckt: Ja, das Beauty-case ist dabei. Sie gibt ihm einen Tip.

„Ang'ene Auf'e'hall!"

schallt es tiefstimmig und freundlich, und schon ist er raus und die Tür zu. Die beiden sehen sich im Zimmer um. Sie denkt:

‹Groß, vornehm! Haben die Kinder schön ausgesucht. Hooch, ein tolles Bad. Mit Kosmetikspiegel! Beleuchtet! Den wollte ich schon immer zu Hause haben. Und ein Fön.›

Hinter der Tür eines kleinen Schrankzimmers entdeckt er einen Safe in der Wand.

„Hedwig, hier tun wir jetzt gleich Deinen Schmuck aus dem Beauty-case rein. Das ist mir sonst zu gefährlich. Wie funktioniert das? Ach, da liegt eine Gebrauchsanweisung drin! Aha, so geht das, jawohl. Rein und zu."

„Und wie kriegen wir den Safe nun wieder auf? Die Gebrauchsanweisung liegt ja jetzt auch mit drin!"

Etwas irritiert entdecken sie ihre neue Welt weiter. Sie werden ja eine ganze Woche hier bleiben. Und es gibt vieles, was sie nicht verstehen:

Es rauscht schrecklich. Eine Klimaanlage. Zwei Drehknöpfe mit einigen Strichen darauf. Was passiert, wenn man was macht? Keine Ahnung, kein Hinweis.

Ein Radio im Nachtschrank eingebaut. ‚Weckzeit einstellen' steht da. Aber wie?

Sie will jetzt in das schöne große Bad und baden. Die Wanne ist eher kleiner. Aber eine riesige Armatur. Nur ein Hebel. Nicht zum Drehen für kalt und warm wie zu Hause. Wie geht das? Ziehen? Es kommt nur Kaltwasser.

Plötzlich hört sie eine fremde Männerstimme aus dem Zimmer. Wer ist das? Nebenan ist ihr Peter am Fernseher. Funktioniert. Toll, so viele Sender! Plötzlich erschrickt er. Da steht sein Name auf dem Bildschirm. Groß und deutlich: „Herr Peter Kaiser, bisher haben wir auf Ihre Rechnung gebucht ...". Das ist der Kanal für das Quick-Check-Out-System mit Credit Cards und Internal-TV-Circuit; doch davon später mehr.

‹Ich mache lieber wieder aus. Das ist alles sehr verwirrend!›

„Hedwig, ich gehe inzwischen mal in die Bar, wenn Du jetzt badest – auf ein Bierchen. Werde ich schon finden. Ich klopfe dann, und Du machst auf. Ja?"

Erleichtert zieht er ab, fährt hinunter, findet die Bar, bekommt sein Bier. Der Barkeeper fragt ihn freundlich, ob er gerade angekommen sei? Da erzählt er ihm von den vielen unbekannten Sachen auf dem Zimmer. Der Barkeeper sagt:

„Das geht so natürlich nicht! Wenn Sie wieder hinaufgehen, sage ich an der Rezeption Bescheid. Die schicken dann jemand mit Ihnen hinauf, der Ihnen und Ihrer Gattin alles genau und in Ruhe zeigt. Das sollte bei uns eigentlich sowieso gemacht werden. Ich verbinde Sie dann aber vorher telefonisch mit Ihrer Gattin auf dem Zimmer, damit Sie fragen können, ob sie auch schon angekleidet ist. Mögen Sie einen kleinen Klaren zu Ihrem Bier? Wir haben da einen..."

Hinter den Kulissen:
Der Schlüsselfaktor 0,66

Es gäbe hier Gelegenheit, über den deutlichen Trend zu größeren Räumen zu berichten. Auch über die neue Zwischen-Gattung der sogenannten Junior-Suiten und die rasch steigende Zahl der angebotenen, jedoch an deutsche Gäste nur zögerlich zu vermietenden Luxus-Suiten. Aber das normale Doppelzimmer mit Bad ist nach wie vor der meistverlangte Zimmertyp. Sehen wir es uns an:

Seine Ausstattung ist so vielfältig wie die Vielfalt der Hotels. Und so unterschiedlich sind auch die Investitionskosten. Eine der höchsten Summen wird von einem Hotel berichtet, das kürzlich rund drei Millionen DM pro Zimmer investierte, in einem denkmalgeschützten Gebäude allerdings. Als groben Richtwert kann man pro Zimmer mit Bad über 300.000 DM annehmen. Dafür bekommt man allerdings weder Seidentapeten noch Marmor.

Um diese Kosten einzuordnen, muß man bedenken, daß meistens bereits nach fünf Jahren eine totale Renovierung fällig ist, die man nur schwer unterhalb der Grenze von 50.000 DM je Zimmer halten kann. Wartet man länger, und da sind zehn Jahre wohl schon das Äußerste, kann man praktisch die ursprüngliche Investition wiederholen, zu aktuellen Preisen.

Mit Tapeten und Kacheln, Möbeln und Armaturen, Vorhängen, Teppichböden und Bildern für die Wand ist es jedoch nicht getan. Als Standardausstattung eines Zweibett-Zimmers mit Bad werden z.B. auch noch kleinere bewegliche Gegenstände gebraucht. Das sind, nachgezählt, 78 Stück! Mindestens. Kleiderbügel, Vasen, Aschenbecher, Streichhölzer und Extra-Kissen, Vorwahlverzeichnis, Fernseher und Briefpapier, Fön, Handtücher, Schuhlöffel, Bademantel usw.

Diese mobile Ausstattung eines Hotelzimmers hat den Nachteil, daß sie schon nach ein paar Monaten komplett verschwunden wäre, würde man sie nicht täglich ergänzen. Mit der Ausrede, es seien Souvenirs, wird so ziemlich alles von Gästen mitgenommen. Nicht nur von ihnen. Auch ein gewisser ‚Personal-Bedarf' ist natürlich nie vermeidbar.

Die Summe für den Ersatz von Verschwundenem insgesamt beträgt in größeren Häusern bis zu 300.000 DM pro Jahr. Da sind dann allerdings verschwundenes Besteck, zerschlagenes Geschirr und kaputte Gläser, also der ‚Bruch', mitgerechnet.

Es ist verständlich, daß Gastronomen zusammenzucken, wenn es klirrt: Ein Tablett mit 20 Gläsern je 10 DM sind eben 200 DM vom Tagesprofit. Nur dafür müßte er eigentlich an dem Tag noch 2000 DM Extra-Umsatz machen, so an die 100 Drinks verkaufen.

Für die vermietbaren Gästezimmer steht erstaunlich wenig der Nutzfläche eines Hotels zur Verfügung. Im Schnitt nur 60 Prozent der qm-Fläche. Flure, Restaurants, Tagungsräume und Halle beanspruchen 20 Prozent, und der Raumbedarf für die Produktion der Dienstleistungen, wie Küche, Wäscherei, Material-Magazine, Heizung etc., beträgt noch einmal 20 Prozent.

Allein aus diesen Raumverhältnissen lassen sich Rentabilitätsberechnungen ableiten, die für die Planung eines Hotels betriebswirtschaftlich von großer Bedeutung sind.

Hinzu kommen, je nach Konzeption des Hauses, die Aufwendungen für das Personal. Die Anzahl der Angestellten ergibt sich aus einer Schlüsselzahl, dem Verhältnis zu Zimmern und Betten. Wenn wirklich ziemlich alle erwarteten Dienstleistungen reibungslos geboten werden sollen, müßte man mit einem Verhältnis Zimmer zu Personal von 1 zu 1 rechnen, eher mehr als weniger. Tatsächlich wird aber 1 zu 0,66 schon als gut bezeichnet, zum Beispiel also theoretisch 100 Zimmer = 200 Betten = 132 Festangestellte. In der Praxis des einzelnen Hauses hängt das unter anderem auch von der Zahl der Einzelzimmer, dem Belegungsfaktor und den Serviceleistungen ab.

Ein nicht vermietetes Zimmer macht keine Arbeit. Aber Festangestellte sind eben feste Kosten. Und bei Belegungsschwund steigt der Kostenfaktor je verkauftes Bett. Darum nun die Zimmerpreise rauf? Bringt das höhere Belegung?

Die Profis raten:
Zeit nehmen, nicht auspacken

An der Rezeption, beim Einchecken entscheidet sich, wieviel Ärger und Umstände Sie haben werden. Wir raten Ihnen, sich jetzt möglichst Zeit zu nehmen. Viele Probleme lassen sich hier und jetzt gleich am Anfang klären. Eile wäre hier unrationell. Vielleicht sind nicht alle Vereinbarungen mit Ihnen genau festgehalten worden, vielleicht muß der Empfang mit den Zimmern ‚jonglieren', weil zu viel Überraschendes passiert ist.

Nehmen Sie sich am Anfang Zeit!

*

Fragen Sie jetzt genau nach, und verlangen Sie konkrete Auskunft, ob das Zimmer auch dem entspricht, was Sie reserviert hatten beziehungsweise haben wollen: Zimmerlage und Ausstattung, Preis, Art des Bettes, Aufenthaltsdauer, mit welcher Kreditkarte Sie zahlen werden und welche Sonderwünsche Sie haben, zum Beispiel spätere Abreise als üblich: das geht meistens sogar bis 16 Uhr, aber eben nur, wenn man es vorher vereinbart. Sonst werden eventuell 50 Prozent für ein „Tageszimmer" berechnet.

> Je weniger sich die Rezeption festlegt, desto mehr Spielraum hat sie, nicht Sie!

Wenn Sie einen Fehler erst auf dem Zimmer oder gar erst beim Bezahlen feststellen, ist der Zeitpunkt für eine Korrektur noch ungünstiger. Ordern Sie möglichst jetzt schon die Extras, die dieses Haus bietet und die Sie haben wollen: Fax im Zimmer, drahtloses Telefon, Sekretariat-Service oder ähnliches.

> Beim Einchecken ausführlich sämtliche Details überprüfen! Das lohnt sich!

Modernes Hotelmarketing macht es sinnvoll, die Zimmerpreise an die jeweilige Marktlage anzupassen. So entstehen unter Umständen fast täglich wechselnde Konditionen, Sonderpreise, Nachlässe und Leistungspakete. Von denen haben Sie bei der Buchung noch nichts gewußt oder vergessen, sich danach zu erkundigen. Vielleicht sind die Preise auch erst nach Ihrer Buchung günstiger geworden. Fragen Sie ganz konkret nach Preisen, die auf Sie anwendbar sind. Das ist partnerschaftliche Marktwirtschaft. Generosität beim Zimmerpreis macht auf keinen Menschen Eindruck, im Gegenteil.

> Klären Sie, welche Leistungspakete für Ihren Aufenthalt derzeit vom Hotel angeboten werden!

Geht das nicht glatt, bestehen Sie darauf, daß der Empfangschef selbst kommt oder sein Vertreter. Der ist immer da, um den Fall zu klären. Wenn es Ärger gibt, notieren Sie sich sofort den Namen Ihres Gesprächspartners.

Oft wirkt das schon sofort Wunder, weil dem Angestellten die persönliche Verantwortung droht. In wirklich problematischen Fällen verlangen Sie, daß jemand von der Direktion kommt. Diese End-Verantwortlichen wollen nämlich auch, genau wie Sie, ernstere Differenzen rasch klären. Noch bevor Sie einziehen. Sie sollen sich als Gast wohlfühlen und nicht mit Ärger im Bauch im Hotel herumlaufen.

> Bei Differenzen Namen festhalten! Wenn es ärgerlich wird, die Hierarchie hinauf!

*

Falls das Zimmer nicht das ist, was Sie reserviert haben, stoppen Sie den Hausdiener sofort und schicken ihn zurück zur Rezeption, man hätte ihn zum falschen Zimmer geschickt. Beziehen Sie das Zimmer nicht, warten Sie dort mit Ihren Koffern die Klärung ab. Man wird Sie anrufen, oder es wird jemand zu Ihnen kommen.

> Überprüfen Sie sofort, ob Zimmer-Typ, -Lage und -Ausstattung Ihrer Buchung entsprechen!

*

Geben Sie auch noch dem Hausdiener ein Trinkgeld. Vielleicht nicht gleich, sondern nachdem er Sie begrüßt, Ihre Sachen im Zimmer verstaut, die besondere Ausstattungen des Zimmers erklärt und Ihnen einen angenehmen Aufenthalt gewünscht hat. In diesem Fall hat er nämlich fast doppelt soviel Tip verdient, wie Sie ihm zunächst geben wollten. Dann ist er nämlich ein Glücksfall, der belohnt werden sollte! Im Schnitt aber je Koffer 2 DM, denn er hat mehr geschleppt als der Page unten am Auto.

> Hausdiener sind eine Rarität und verdienen wenig Gehalt! Tippen Sie nicht kleinlich!

Kapitel 4
Das Hausdamen-Ressort

Der Ruf des unzufriedenen Gastes
nach dem Direktor ist selten angebracht.
Vieles kann die Hausdame besser erledigen.
Ihre Hilfe nicht nutzen hieße,
bei Regen den Schirm nicht aufspannen.

Aus meiner Sicht:
Heinzel-Mädchens süße Grüße

Essen Sie beim Zubettgehen Schokolade? Oder gar noch nach dem Zähneputzen? Ich nicht. Einmal wegen der Karies, und nach 21 Uhr mag ich überhaupt nichts Süßes. Weder zu essen noch zu trinken.

Das geht sicher vielen so. Und doch macht dieses Thema mir und anderen auf Reisen ständig Probleme.

Wenn ich abends in mein Hotelzimmer komme, meistens nach einem mehr oder weniger kurzen Besuch in der Bar, dann wartet dort ein zwar aufgeschlagenes, aber kaltes, leeres Bett. Nur auf dem Kopfkissen liegt ein Zeichen menschlichen Gedenkens an mich: ein kleines, in rotes Zellophan gewickeltes Päckchen. Ein Betthupferl, Schokolade. Mit Grüßen und Gute-Nacht-Wünschen. Vom Zimmermädchen? Von der Direktion? Egal.

Das ist doch nett. Da hat jemand an mich, den späten Gast, gedacht. Bis zum Einschlafen bemühen sich das Haus und seine Mannschaft um mich. „We care!" Die unsichtbaren Heinzelmännchen und Zimmerfeen inbegriffen, die mein Zimmerchaos so perfekt aufgeräumt und das überschwemmte Bad so blitzend gemacht haben, daß ich schon dachte, ich wäre im falschen Zimmer. Nicht nur das, laut- und klaglos, sondern noch eins oben drauf, aufs Kissen. Etwas extra, eigentlich Verbotenes. Ein Häppchen süße Sünde!

Aber, ich lege es weg, auf den Nachttisch, und überlege, ob ich statt dessen, vielleicht noch einen Klaren ... ? Nein! Gute Nacht!

Am nächsten Morgen ist's dann eilig. Wie immer. Am Bademantel im Bad entdecke ich ein gedrucktes Kärtchen: „Für Sauberkeit und Ordnung in Ihrem Zimmer sorgt unser Fräulein Anita. Die Hausdame..."

Anita! Das Heinzel-Mädchen vom Zimmer-Dienst. Da fällt mir die Schokolade wieder ein. Jetzt, ja: Schnapp, weg! Statt Frühstück.

Als Anita das Abreisezimmer 123 saubermachen will, findet sie einen Hotel-Briefumschlag auf dem Tisch. „Für Anita" steht drauf. Es sind fünf Mark drin und ein Zettel: „Danke, Zimmerfee!"

So kann's laufen:
Stumm vor Freude und Schreck

Es waren schöne Tage, die das junge Paar in der fremden Stadt verlebt hatte. Das Hotel lag wunderbar zentral, Ausgangsbasis für die Exkursionen, zu denen ihnen der Portier geraten hatte. Alle Sachen hatten in ihrem Zimmer ihren festen Platz gefunden, sie fühlten sich schon ganz heimelig, fast wie daheim. Lässig schwirrten sie ein und aus.

Beim Anziehen, zu einem Abendessen außer Hause, irgendwo in der Stadt, fragt sie ihn:

„Hast du meine Perlenkette gesehen?"

„Nein. Wieso?"

„Sie ist weg!"

„Ach was, guck mal richtig nach!"

„Ich weiß genau: Hier in diese Schublade habe ich sie getan!"

Ihre Stimme hat ein beherrschtes Tremolo. Dahinter versteckt sich helle Panik:

‹Mein Gott! Die schöne Kette! Gerade erst zu meinem Geburtstag hat er sie mir geschenkt! Warum bleibt er jetzt bloß so ruhig? Ist ihm das denn egal? Die ist doch wertvoll! Und nun ist sie weg! Geklaut?›

Ihm schwant Schlimmes. Die Kette hatte wirklich gutes Geld gekostet. Ärgerlich! Der Plan für einen schönen Abend beginnt sich aufzulösen.

„Wann hattest Du sie denn zuletzt? Kannst Du dich nicht erinnern? Das mußt Du doch wissen!"

„Gestern Abend, zum grünen Kleid! Und dann habe ich sie hier reingelegt."

Sie starrt in die Schublade, schiebt die Hände zwischen die Papiere, Taschentücher und Prospekte, tastet:

„Nicht da! Weg! Oh Gott, die ist bestimmt geklaut worden!"

„Von wem denn? In diesem Haus hier klaut keiner!"

„Und das Zimmermädchen?"

„Du kannst die doch nicht einfach so verdächtigen!"

Sie fängt nun an, hektisch überall herumzusuchen, zieht Schubladen heraus, reißt Schränke auf, die Nachttische, alles. Ihm wird klar:

‹Jetzt fängt der Ärger an. Dabei war die Tisch-Reservierung in dem Stadt-Restaurant so mühsam gewesen. Unbedingt dort sollten sie essen, hatten Freunde gesagt, und nicht im Hotel. Schade! Das schaffen wir nie mehr! Jetzt muß ich erst einmal mit jemandem hier im Hotel telefonieren! Mit wem?›

Der Room-Service sagt, er sei nicht zuständig, nur für Essen und Trinken auf dem Zimmer. Die Hausdame sei es. Die ist nicht zu erreichen. Über den Portier? Ja, der läßt sie anpiepsen. Das Telefon klingelt. Die Hausdame. Ja, sie käme sofort. Es klopft.

„Guten Abend! Sie vermissen eine Kette?"

Die beiden berichten. Sie erregt, er sauer. Die Hausdame bleibt ganz gelassen. Andeutungen, die Kette wäre vor dem Saubermachen noch da gewesen, überhört sie. Die Hausdame ist nicht mehr zu sehen! Sie ist im Bad. An der Tür taucht sie wieder auf und hat einen Bademantel in der Hand. In der anderen hält sie eine Perlenkette hoch:

„Ist sie das?"

Es gibt Momente, da möchte man im Boden versinken. Das war so einer. Beide standen da, starrten auf die Kette, wie festgenagelt. Stumm vor Freude und Schreck zugleich.

Sie: „Oh, ja."

Er: „Siehst Du!"

Peinlich berührter Blickwechsel zwischen den beiden. Die Hausdame lächelt völlig frei:

„Ach, wissen Sie, das kommt häufiger vor. Gerade wenn man unterwegs ist, verlegt man leicht etwas. Sie haben die Kette sicher in die Bademanteltasche steckt, beim Abschminken oder so. Den Safe hier im Ankleidezimmer haben Sie wahrscheinlich übersehen. Da sollten Sie Ihre Wertsachen einschließen. Immer! Dann wissen Sie auch, wo Ihr Schmuck ist. Nun, Hauptsache, die Kette ist jetzt wieder da! Da können Sie ja erleichtert zu Abend essen. Gehen

Sie aus, oder bleiben Sie im Hause? Soll ich Ihnen in unserem Abend-Restaurant einen besonders schönen Tisch reservieren lassen?"

Beide, unisono: „Oh ja, gerne!"

Hinter den Kulissen:
Eine halbe Million für Blumen

Daß die Hausdame ein vollgültiges Mitglied des Hotel-Managements ist, kann für Außenstehende überraschend sein. Wer sich näher mit ihren Verantwortungsbereichen befaßt, stellt jedoch rasch fest, warum das so ist.

International heißt sie „executive housekeeper". Nahezu alle Tätigkeiten ihrer Abteilung beeinflussen direkt das Betriebsergebnis und machen das Image des Hotels bei den Gästen aus. Die Aufgaben sind personalintensiv, rund 15 Prozent des gesamten Personals sind in diesem Bereich tätig. Sie sind zeitaufwendig, gehen einher mit hohen Materialkosten und großem Maschinenbedarf. Dazu sind ihre Arbeitsresultate von jedem Gast sofort erkennbar. Treffender ist, daß jeder Gast sofort merkt, wenn etwas nicht geklappt hat. Denn es handelt sich um besonders sensible Service-Bereiche. Das macht die Arbeit der Hausdame so schwierig und verantwortungsvoll.

Ihre Tätigkeit bezieht sich auf

1. Säuberung,

2. Ausstattung der Zimmer, Flure und Bietträume,

3. individuelle Wünsche der Gäste,

4. Instandhaltungs-Überwachung,

5. hauseigene Wäscherei und chemische Reinigung,

6. den persönlichen Auftritt ihres Personals und

7. dessen Ausbildung.

Um diesen Aufgaben nachkommen zu können, muß sie unter anderem auch möglichst früh und möglichst viel über jeden Gast erfahren oder bereits schon wissen. Und das, obwohl sie selbst den Gast fast nie zu Gesicht bekommt. Ihre Tagesarbeit beginnt deshalb mit dem Studium der Gästeliste beim Empfang. Dort erfährt sie, welche Zimmer an diesem Tag von wem neu belegt werden und welche Räume sogenannte „Abreise"-Zimmer sind. Alle vorherigen Detailplanungen sind ziemlich sinnlos, sie werden meistens total umgeworfen.

Diese Informationen sind zunächst die Ausgangsbasis für die täglich neue Einteilung der Zimmermädchen. Ein Beispiel für ein anspruchsvolles Haus: Bei 300 Zimmern Kapazität und einem erwarteten Belegungsfaktor von 60 Prozent stehen für diese 180 belegten Zimmer 15 Mädchen auf ihrer Lohnliste: für zwölf Zimmer eine Kraft. Je Tag, bei einer Fünf-Tage-Woche als Tages-Zimmermädchen. Dazu kommen noch fünf Abend-Zimmermädchen. Macht insgesamt 20 Mitarbeiterinnen, die fest in Lohn und Brot stehen. Das können nun heute zu viele sein oder zu wenige für die Anzahl der Zimmer, die heute tatsächlich belegt sind. Mit Freistunden, Urlaubstagen, Krankmeldungen und ähnlichem muß dann jongliert werden.

Die Zimmermädchen haben harte Zeitvorgaben. Gestaffelt je nach Typ des Zimmers, ob es durch ein oder zwei Personen belegt ist, ob es ein sogenanntes „Bleibe-Zimmer" ist oder ein „Abreise-Zimmer". Als Beispiel:

Für ein normales, von zwei Personen belegtes Bleibe-Zimmer hat sie genau 27 Minuten. Für Bettmachen (8'), Staubwischen und Aufräumen (6'), Saugen (5') und Badezimmer (8'). Sehr große Zimmer in sehr anspruchsvollen Hotels benötigen mehr Minuten. Ein totales Chaoten-Zimmer hält natürlich auf und drückt den „Zeit-Durchschnitt-pro-Zimmer" des zuständigen Zimmermädchens. Diese Zahl wird kontrolliert, ebenso wie die Qualität ihrer Arbeit. Von der Hausdame.

Die Reihenfolge, in der die Zimmer gemacht werden, steht den Mädchen nicht frei. Die Hausdame hat zu berücksichtigen, daß es einige Früh-Ankommer gibt, die in ihr speziell gewünschtes Zimmer wollen, und daß es Spät-Abreiser gibt, denen die Nutzung des Zimmers über die normale Check-out-time bis in den frühen Nachmittag zugesagt wurde. In manche Zimmer können sie nicht rein: Langschläfer. Oder Vergeßliche, die zwar schon weg sind, aber ihr Schild „Bitte nicht stören!" draußen an der Tür haben hängen lassen. Woher soll das Zimmermädchen das nun wissen?

Soviel nur über das Thema Sauberkeit, das für Gäste ganz oben auf der Liste der Beurteilungskriterien eines Hotels steht. Doch es geht um weit mehr als die Beseitigung von Staub, Flecken und Haaren.

Allein die Kontrolle, ob die Standardausstattung des Zimmers komplettiert werden muß, ist zeitraubend. Über sechs Dutzend Gegenstände, vom Aschenbecher über Briefpapier bis zum Zahnputzglas. Kein Wunder, daß sich die Hausdame Kontinuität in ihrem Personalbestand wünscht. Nur Routine kann die Zeittakte ermöglichen. Deshalb muß sie auch ständig Schulungen machen.

Hier noch einige Probleme, für die eine Hausdame ihren Kopf hinhalten muß, beispielsweise in irgendeinem 300-Zimmer/560-Betten-Hotel: Rund 1000 kg Zimmerwäsche fallen pro Tag an. Das sind je Gast bis zu einem Dutzend Stücke. Hinzu kommen natürlich auch noch die Wäsche und die Reinigungs- und Bügelwünsche der Gäste für deren eigene Garderobe.

Ist dafür eine eigene oder eine fremde Wäscherei kostengünstiger? Es geht dabei um glatte hunderttausend Mark, pro Monat versteht sich. Und: Wie lassen sich die täglich in den Zimmern, auch an den Geräten dort, festgestellten Schäden hausintern rationell melden und erledigen? Die Zimmer müssen stets mangelfrei sein. Und: Von wem werden die Blumendekorationen in den Zimmern, den Fluren, der Halle laufend so ausgeführt, daß es dem Image des Hauses und dem Rahmen des Budgets entspricht? Dieser Etatposten allein kann im Jahr für ein 300-Zimmer-Hotel bis zu einer halben Million Mark ausmachen, je nach Standard des Hotels.

Viele Gästenamen liest die Hausdame morgens im Empfang das erste Mal. Ihr sind jedoch auch Gäste bekannt – übrigens mehr, als man glaubt. Sie kennt oft nicht nur die Namen, sondern auch spezielle Gewohnheiten und Eigenarten dieser Gäste. Der eine will beispielsweise eine leichtere Decke, der andere braucht drei Kopfkissen, und wieder ein anderer will unbedingt seine eigene Kaffeesorte aufbrühen und muß sich deshalb immer selbst heißes Wasser machen können. Sie hat das irgendwann einmal erfahren, sich notiert und nun ist er wieder da, dieser Gast.

Jetzt kommt es darauf an: Packt sie es, diese Dinge zu organisieren, bevor der Gast erneut danach fragen muß? Hier entscheidet sich, ob das Hotel einen Stammgast für lange Zeit gewinnt oder behält. Wenn sie es schafft, dann ist nachhaltige Dankbarkeit gewiß. An ihr, der Hausdame, hängt nun der gute Ruf des ganzen Hotels.

Ob sie das organisieren kann, ist jedoch fraglich. Der gute Wille ist sicher da. Aber die Zeit! Und das Personal!

Die Profis raten:
Weichen stellen fürs Wohlbefinden

Mit einem baldigen Anruf bei der Hausdame stellen Sie nach unserer Meinung ganz wichtige Weichen für einen wirklich angenehmen Hotelaufenthalt. Beziehen Sie in Ruhe ihr Zimmer, sehen Sie sich um, und erstellen Sie einen kleinen Spickzettel, man vergißt sonst die Hälfte. Wir hoffen, Papier und Bleistift liegen neben dem Telefon bereit. Haben Sie genügend Bügel für Ihre mitgebrachte Garderobe? Brauchen Sie zusätzliche Stühle, mehr Kosmetika? Kommen Sie mit allen Ausstattungen und Geräten des Zimmers zurecht? Und denken Sie jetzt schon an abends, wenn Sie die Hausdame vielleicht nicht mehr erreichen können: Ist Ihnen die Bettdecke recht? In vielen Häusern können Sie es sich bestellen, wie Sie es wollen: Oberleintuch, Unterleintuch, Wolldecke, Piket-Decke, Federbett. Fehlt Ihnen noch ein Kissen? Es gibt wahrscheinlich Roßhaar-, kunststoff- und federgefüllte, Anti-Allergie-Kissen und Nackenrollen. Fehlt Ihrer Meinung nach überhaupt etwas, was Sie in diesem Haus erwartet haben?

> Lassen Sie Ihre Zimmerausstattung ergänzen!

Welche sonstigen Extras wollen Sie nutzen? Sagen Sie der Hausdame, zum Beispiel, daß Sie ein Faxgerät oder ein schnurloses Telefon haben wollen. Spätestens jetzt! Besser wäre es gewesen, Sie hätten das gleich mit der Zimmer-Buchung bestellt. Diese Geräte werden meistens vom Hotel über den Fachhandel geliehen, sind also erst zu besorgen, und vielleicht steht keines mehr zur Verfügung. Wegen der Inanspruchnahme von Sekretariatservice, Babysitter und Hausfrisör sollten Sie jedoch nicht mit der Hausdame, sondern mit dem Portier sprechen. Es ist sinnvoll, auch jetzt schon nach den Preisen zu fragen, die Ihnen für all diese Dienstleistungen berechnet werden. Sie können sich späteren Ärger ersparen.

> Sonderwünsche spätestens jetzt anmelden!

*

Weichen stellen fürs Wohlbefinden 53

Nun können Sie die Hausdame sehr für sich einnehmen und gleichzeitig Ihr eigenes Wohlbefinden sichern: Häufig wissen Sie doch schon über den Ablauf Ihres Aufenthalts Bescheid – zumindest ungefähr und für die kommenden 24 Stunden. Sagen Sie der Hausdame jetzt, daß Sie morgen vormittag sehr lange ausschlafen, aber dann, so ab 12 Uhr, für längere Zeit weg sein werden. Oder sagen Sie ihr, daß Sie übermorgen schon früh um 7 Uhr abreisen müssen. Oder daß Sie in Ihrer Suite heute abend viele Gäste bewirten werden, und morgen viel aufzuräumen sein wird. Sagen Sie das ruhig auch unter Vorbehalt. Niemand wird Sie darauf festnageln. Die blanke Dankbarkeit wird Ihnen entgegenkommen: Nun kann die Hausdame das alles in ihre Zimmereinteilung einbauen. Wären nur etwas mehr Gäste so professionell und hilfreich!

> Informieren Sie die Hausdame über Ihre Dispositionen!

Es gibt eine Reihe von Service-Leistungen im House-keeping-Bereich, die gegebenenfalls zwar angeboten, aber häufig nicht genutzt werden: Schuhputz-Service: Erst gegen 4 Uhr früh wird eingesammelt, geputzt und wieder verteilt. Wäsche und Reinigung: Das ist gar nicht so sehr viel teurer im Vergleich, im Preis nach Zeit gestaffelt. Oft geht das sogar innerhalb einer Stunde. Aufbügeln: Das funktioniert tagsüber eigentlich immer für einen Tip von ca. 10 DM blitzschnell. Sie können Ihr Gepäck unter Umständen enorm reduzieren, wenn Sie sich schon beim Packen die Nutzung dieser Service-Möglichkeiten vornehmen.

> Machen Sie auch Gebrauch von den angebotenen Service-Leistungen!

Die Hausdame erwartet von Ihnen kein Trinkgeld, wenn alles routinemäßig läuft. Hat sie Ihnen aber eine Reihe von Sonderwünschen erfüllt, wird sie 10 DM im Umschlag nicht zurückweisen. Und vielleicht ein Danke oder gar ein Lob. Das hört sie wirklich selten genug.

Aber das Zimmermädchen erwartet gewiß einen Tip. Sie bekommt so um die 2.100 DM brutto und an Sachleistungen nur das Personalessen während der Arbeitszeit. Sie ist also wirklich darauf angewiesen, von den Gästen einen Tip zu bekommen, um auf einen vergleichsweise guten Stundenlohn zu kommen. Ab zwei, drei Tagen Aufenthalt sollten das je Nacht so um die 2 DM sein. Es ist angebracht, sie extra zu belohnen, wenn sie zum Beispiel ein besonders chaotisch hinterlassenes Zimmer hat aufräumen müssen oder, bei einem Umzug in ein anderes Zimmer, Ihre Sachen da ein- und dort ausgepackt und wieder eingeräumt hat. 10 DM sind da schon richtig, und zwar alles in einer Summe bei der Abreise.

Nur: Wo ist sie dann gerade? Es ist Ihnen nicht zumutbar, sie auf dem Stockwerk in den anderen Zimmern zu suchen. Also wird das Geld meistens offen auf den Tisch gelegt, den Aschenbecher halb draufgestellt. Leider haben aber noch andere Angestellte Zutritt zu einem Abreise-Zimmer, wenn der Gast ausgezogen ist. Niemand soll verdächtigt werden, weder die Hausdiener, die das Gepäck holen, noch die Etagenkellner, die das Tablett mit gebrauchtem Geschirr herausholen müssen oder wer auch sonst.

Aber: Es gibt nur einen sicheren Weg, daß das Zimmermädchen seinen Tip auch wirklich bekommt, wenn sie nicht gerade zu sehen ist. Rufen Sie die Hausdame an und sagen Sie, Sie wollten Ihrem Zimmermädchen einen Tip geben. Das wirkt keineswegs, wie man denken könnte, arrogant, sondern löst nur allgemeine Freude aus: Bei der Hausdame: „Ein Gast, der sich auskennt! Mit häufigeren Tips bleibt mir Esmeralda länger für diesen Job hier erhalten!" Und Esmeralda: „Die paar Schritte gehe ich gerne! Da bekomme ich meinen Tip, anstatt nichts!" Und wenn Sie ihr den Tip mit einem Lächeln geben und dazu noch „danke!" sagen, dann motiviert sie das auch noch. Dann haben Sie mehr gegeben als nur eine Gewissens-Entlastungs-Spende an irgendwen.

> Wenn Sie sie nicht sehen: Lassen Sie das Zimmermädchen kommen, damit sie ihren Tip auch wirklich bekommt!

Kapitel 5
Das Frühstück –
Das Essen

Es gibt Gäste, die sind Nestflüchter.
Sie essen lieber außerhalb in der Stadt.
Generell, ohne vorher zu prüfen,
welche Möglichkeiten ihr Hotel bietet.
Doch oft ist das genau das, was sie suchen.

Aus meiner Sicht:
Aufgezäumt mit müden Gesichtern

Ich bin kein Menschenfeind. Oh, nein! Sonst wäre ich auch nicht in meinem Gewerbe. Aber so den ganzen Tag? Immer Menschen! Sie widersprechen, hören nicht zu, machen Schwierigkeiten. Da gehen sie einem irgendwann einmal ganz schön auf den Senkel! Und dann möchte ich einfach allein sein.

So nach einem straffen Tag, abends, an der Bar. Oder morgens. Ganz besonders morgens! Bevor alles losgeht, zwischen dem Aufwachen und dem Starten. Diese halbe, dreiviertel Stunde am Frühstückstisch: Das ist die schönste Zeit des Tages. Besonders auf Reisen, im Hotel. Aber allein, ohne andere Menschen, bitte!

Wie? Ich frühstücke nie im Frühstücksraum. Das macht mich ganz elend: Lauter Menschen wie ich, an Einzeltischen, mit müden Gesichtern, aufgezäumt für den Auftritt beim Kunden. In Gedanken längst bei der Konferenz, schon halb im Taxi. Das ist doch kein Tagesanfang! Ich mache das anders.

Im Hotelzimmer setze ich mich irgendwann am Tag einmal hin und fülle diesen langen Zettel für den Zimmer-Frühstücksservice aus. Morgens, noch im Halbschlaf, kann ich das nicht bestellen. Im Prinzip ist es ja immer das gleiche, aber manche Häuser haben einige Phantasie in diese Karte gesteckt: Gelee von schwarzen Brombeeren, Rührei mit Kräutern, Bio-Joghurt mager ohne Früchte, Earl-Grey-Tee mit Sahne und braunem Zucker und die örtliche Morgenzeitung. Das will ich nutzen, das ist mir das Geld wert, dafür stehe ich sogar eine halbe Stunde früher auf.

Wenn es dann zur angegeben Zeit klopft, bin ich bereits aus dem Bad, im Bademantel, habe einen Tip abgezählt parat. Und ich kontrolliere sofort, ob alles auf dem Tablett ist. Salz und Pfeffer fehlen oft, warum weiß ich nicht. Und dann bin ich wieder allein.

So! Nun sitze ich da, bequem, in Hausschuhen, entspannt, keiner will was von mir, herrlich! Die Nacht klingt aus, der Tag erwacht. Mit mir. Aber langsam, ganz langsam.

So kann's laufen:
Zum Frühstück mise-en-place

Der Stadtverkehr brummte und rauschte vor dem Hotel, Werktag vormittag. Der Rush-hour-Lärm war schon vorüber. Es war halb zehn. Hinter den schalldichten Fenstern des Hotels hörte man nichts davon. Im vierten Stock waren die Vorhänge von Zimmer 411 fest geschlossen. Drinnen war es stockdunkel. Der Gast schlief noch.

Kein Wunder. Das Tagungsteam hatte noch nach-getagt, länger als nötig und reichlich. Wie immer. Abreise war gottlob erst mittags.

Plötzlich schreckte er hoch. Da war doch jemand? Er starrte zur Tür, sah eine Gestalt zurückweichen und die Tür wieder leise zugehen. Zorn kam hoch: ‹Das war das Zimmermädchen! So eine Frechheit! Mich zu stören! Gerade heute, wo ich doch ausschlafen kann!›

Aber es fiel ihm rasch ein: Er hatte nachts vergessen, das „Bitte nicht stören!"-Schild draußen an die Tür zu hängen. Das Zimmermädchen hatte nun nachgesehen, ob sie schon putzen konnte, o.k., nun war er wach. Jetzt hatte er noch gut Zeit zum Duschen, Packen und Frühstücken.

‹Ach je, eigentlich wollte ich ja auf dem Zimmer frühstücken. Den Bestellzettel habe ich gestern natürlich auch nicht rausgehängt. Blöde Sauferei!›

Nun, er stand auf. Aber er hatte Durst. Da war nur noch ein kleiner Rest Mineralwasser. Er begann, sich zu eilen. Eine Vision trieb ihn an:

‹Wasser, Kaffee, Rührei mit Speck, eine Gurke. Vielleicht haben sie sogar einen Bismarckhering. Mal sehen.›

Um Viertel vor elf war er im Fahrstuhl. Welches Stockwerk?

‹Wo gibt's nun das Frühstück? Steht nicht dran. Ich fahre einfach mal ins Restaurant. „Mezzanine"? Steht da, oberhalb von „Groundfloor" und unter der „1.", wird wohl das Zwischengeschoß sein.›

Er steigt aus. Blick links, Blick rechts. Dort lang, Pendeltür rein. Saal leer. Zwei Kellner räumen. Der eine ab, Frühstücksgeschirr. Der andere auf, mit Weingläsern und hochgefalteten Servietten für das Mittagessen.

„Guten Morgen! Bißchen spät jetzt, aber geht's noch?"

Die Kellner tauschen einen Blick. Der Gast kann nicht sehen, daß sie die Augen nach oben verdrehen. Der eine richtet sich auf, kommt dem Gast entgegen:

„Guten Morgen, der Herr! Eigentlich haben wir Frühstück nur bis 10 Uhr 30. Aber bitte, wenn Sie hier Platz nehmen wollen? Was darf ich Ihnen bringen?"

Er dankt, setzt sich, bestellt. Ziemlich schnell kommt alles, wie er es erhofft hatte.

‹Sogar ein saurer Hering! Na, bitte! Auf Zack, die Küche! Und ein netter Kellner.›

„Tut mir ja leid für die Küche, aber ich habe verschlafen. Gestern war's spät, bei Ihnen in der Bar."

„Ach, schauen Sie, das ist eigentlich kein Problem der Küche, sondern eher für uns, den Service. Wir machen jetzt das „Mise-en-place", sonst werden wir bis 12 Uhr nicht fertig. Und da kommen dann schon die ersten Lunch-Gäste."

„Ihr was?"

„Mise-en-place, pardon, Vorbereiten, Bereitstellen, das ist im Service der Fachausdruck für das Eindecken: Tischtuch, Teller, Bestecke, Gläser, Servietten, Ascher, Vasen, Menagen und so weiter. Das ist halt doch eine Menge Arbeit bei 60 Plätzen. Und das stört natürlich auch den Frühstücksgast. Deshalb haben wir diese Zeiten. Kann ich noch etwas für Sie tun? Eine Zeitung? Nein, dann wünsche ich Ihnen guten Appetit!"

„Danke! Das ist sehr nett von Ihnen. Machen Sie ruhig weiter mit Ihrem Mise-en-place, ich muß dann auch gleich los. Moment, hier, für Sie!"

Hinter den Kulissen:
Entscheidung beim Morgen-Ei

Ist das Angebot von Speis' und Trank, in der Fachsprache „Food and Beverage", kurz „F & B" genannt, für den Hotelier eigentlich lohnend? Eine Frage, die sich Gastronomie-Unternehmer sehr ernsthaft zu stellen haben.

Es gibt betriebswirtschaftliche Analysen zu diesem Thema, zum Beispiel Orientierungswerte für Stadthotels mit First-Class-Ausstattung. Für die Gruppe der besten Betriebe dieser Kategorie gilt als Mittelwert: Rund 52 Prozent des Betriebsertrages (d.h. Umsatz, nicht Gewinn) kommen aus dem Bereich Beherbergung, 38 Prozent Speisen, Getränke und Handelsware und 10 Prozent sonstiges.

Läßt man die Handelsware, wie Zigarren, Zigaretten und Zeitungen, einmal beiseite, stellt sich die Frage nach dem Betriebsergebnis dieses Umsatz-Drittels. Was kommt dabei heraus?

Weniger, als man denkt, bis hin zu roten Zahlen, denn dieser Bereich verlangt hohe Waren- und Personalaufwendungen. So wenig, daß die Hotels garni auf diesen Teil des Angebotes verzichten. Sie haben dadurch zwar ihre Kostenstruktur günstig verändert, wenden sich aber durch dieses reduzierte Angebot an eine völlig andere Klientel. Diese zwingt sie unter anderem zu anderen Standorten, kleineren Einheiten und niedrigeren Logis-Preisen, so daß am Ende die Gewinnsituation sich nicht in dem Maße verbessert, die man vermuten könnte. Die Gewinne vor Steuer liegen im Schnitt aller dieser Betriebe prozentual zwar fast doppel so hoch wie bei guten First-Class-Stadthotels, jedoch nur bei 10 bis 15 Prozent der absoluten Erträge, die im Spitzenbereich der Full-Service-Häuser erreicht werden.

So müssen Top-Hotels mit großem F&B-Aufwand um den zahlungsfähigen und -willigen, meist internationalen Gast kämpfen, der keine Abstriche an seinem Wohlbefinden duldet. Dieser Hotelier muß zusehen, daß er zwischen der Erwartungshaltung seiner Gäste und den ökonomischen Möglichkeiten eine Balance findet. Die Anzahl der Variablen bei diesem Bemühen sind enorm vielfältig. Es gibt keine allgemeingültigen Regeln. Außer dem von Gewinn und Verlust sowie der Möglichkeit, in einer Mischkalkulation den F&B-Bereich durch die Beherbergung zu subventionieren.

Einheitlich jedoch, nämlich groß, ist der Investitionsbedarf für F&B. Der Aufwand nur für das Gäste-Geschirr, zum Beispiel, eines Hauses mit 120 Zimmern, einem 100-Plätze-Restaurant und einer Bankett-Kapazität von 80 Personen ist in etwa so anzusetzen: Restaurant 2fache Ausstattung = 200 mal, Bankett 3fach = 240 mal, also insgesamt 440 Service-Ausstattungen. Jeweils 11 Teile, plus entsprechend viele Schüsseln, Platten und Saucieren, Aschenbecher, Vasen und so weiter. Als unterste Grenze ist ein Preis von 60 DM je Service zu erreichen. Das erscheint niedrig, denn der

Privathaushalt muß mit etwa 100 DM rechnen. Doch anspruchsvolle Häuser lächeln gerade mal über einen solchen Aufwand von 26.400 DM.

Wenn das Niveau der Präsentation von Mahlzeiten in einem Haus wirklich hoch ist, dann wird der Kaffee in Tassen und der Wein in Gläsern von international berühmten Marken angeboten. Und da kostet ein Service dann nicht mehr 60 DM, sondern ein Vielfaches. Der Geschirr-„Schwund" durch Zerstörung und Diebstahl kann 50.000 DM bedeuten. Pro Jahr und ohne Bestecke.

Ein Blick auf das Hotel-Frühstück soll die Problemvielfalt vermitteln. Der F&B-Bereich hat hier am wenigsten Bewegungsmöglichkeiten. Das Frühstück gehört noch mit zur Übernachtung, dem Kern- und Hauptgeschäft. Bed and Breakfast, das ist eine Einheit. Da haben Lunch-Bistro und das Abendrestaurant, die Bar, die Halle und das Café andere, weiter gespannte Möglichkeiten. Und natürlich auch entsprechende Schwierigkeiten. Aber die Übernachtungsgäste am Morgen müssen bekommen, was Sie erwarten. Aber was wollen sie eigentlich wirklich?

Zunächst wollen, besser gesagt, müssen einige Gäste sehr früh, also gegen 6 Uhr frühstücken. Es ist technisch natürlich möglich, für sie eine Art Self-Service-Buffet o. ä. einzurichten. Diese bedauernswerten Geschäftsleute wären sicher froh, wenn sie wenigstens so ein Angebot bekämen, anstatt nichts. Es sei denn, Küche und Room-Service sind darauf eingerichtet. Aber wie viele Gäste sind das? Gibt es einen 24-Stunden-Room-Service, und kann der das noch mit erledigen? Oder muß jemand für diese Arbeit zu einem Frühdienst eingeteilt werden?

Und umgekehrt? Wie viele Gäste des Hotels bleiben eigentlich zum Frühstück im Hause? Der Anteil derjenigen Gäste, die nicht im Hotel-Frühstücksraum gemeinsam frühstücken, schwankt zwischen 6 und 25 Prozent! Natürlich wird diese Zahl von den vorgegebenen Fakten stark beeinflußt: Ist der Frühstückspreis im Zimmerpreis enthalten, oder wird er extra berechnet? Wie hoch ist dieser Preis? Was kostet das Frühstück auf dem Zimmer?

Das alles ist gar nicht so einfach zu entscheiden. Kalkuliert man auf Deckungsbeitrag, dann kostet ein für 9 DM erstelltes Frühstück 14,50 DM. Oder mit normaler Aufschlagskalkulation? Dann kostet es nämlich 25 bis 30 DM und ist fast genauso teuer wie im Café nebenan. Wenn es

Essen und Trinken:
Ein enormer Aufwand für den Hotelgast rund um die Uhr

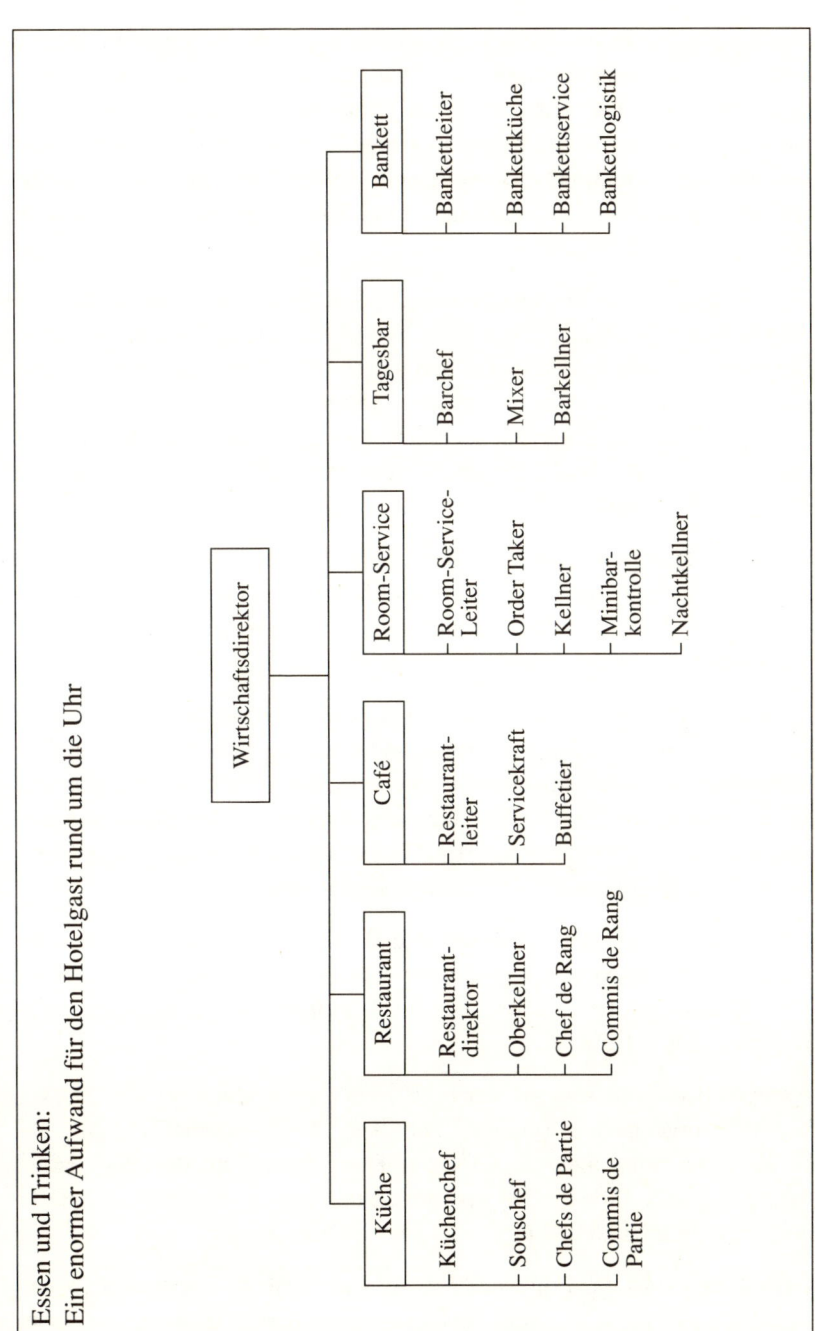

dort eines gibt. In den USA hat man nur die Wahl zwischen Frühstück à la carte auf dem Zimmer für zirka 25 US-Dollar oder dem Hotel gegenüber. Dort hat sich eine ganze Subkultur von Breakfast-Bars entwickelt, die um das Hotel herum in großer Zahl alles bietet, was der Gast sich wünscht. Allerdings nicht auf einem Rolltisch mit Warmhalte-Glocke über dem Rührei und einer Blume in der Vase daneben. Dafür kostet es aber nur etwa ein Fünftel.

Es ist halt sehr subjektiv, ob ein Gast den Self-Service und die Vielfalt und Frische von Frühstücksbuffets liebt, und welche Details er dort erwartet. Der Hotelier weiß jedoch leider, daß dieses Frühstücksangebot auf einem Buffet keine Reduzierung von Kosten bringt: durch den auch dafür notwendigen Personalaufwand in der Küche für Bereitstellung und Ergänzung, und im Service für das Eindecken, Abräumen und Säubern der Tische und das laufende Auffüllen des Buffets.

Persönlichen Angewohnheiten, Trends und Moden unterworfen sind die Wünsche nach hygienischen oder müllfreien Portions-Angeboten, dem Umfang des Bio-Sortiments und auch die Zusammenstellungen der kleinen und großen, Continental- und regionalen Frühstücksmenüs à la carte.

Die unscharfen Übergänge vom Breakfast zum Brunch und vom Brunch zum Lunch variieren von Haus zu Haus und unterliegen keiner anderen Gesetzmäßigkeit als der ökonomisch gesteuerten Kreativität des Hoteliers und seiner Mannschaft. Eine kaleidoskopartige Vielfalt von Möglichkeiten, mit denen sich die verantwortlichen Hotel-Manager wenigstens alle Vierteljahre in ihren Meetings immer wieder neu auseinandersetzen.

Gleichbleibend ist aber die Tatsache, daß der Gast bei der morgendlichen Atzung über Renommee und Atmosphäre des Hotels entscheidet. Beim Frühstück, beim Tee, Kaffee, bei der Konfitüre, der Butter oder beim Brötchen reagiert er hypersensibel.

Apropos Brötchen. Was soll der F&B-Manager entscheiden: Vom Bäcker kaufen? Vorgebackene Teiglinge abbacken? Ungebackene Teiglinge abbacken? Oder eine eigene Hotelbäckerei einrichten? Ein 300-Betten-Hotel müßte ungefähr 150.000 DM investieren und pro Tag über 600 DM dafür ausgeben. Wie frisch und kroß muß das Gebäck nun sein?

Gefällt dem Gast das Frühstück nun so, wie es ist, o.k. Aber wehe, wenn nicht! Da genügt schon beim frischen Ei ein Kochzeit-Minus von einer

Minute, um bei ihm alle Anzeichen von Ekel zu erzeugen. Und damit können dann alle Bemühungen des Hotels in den letzten 16 Stunden zu mißlungenen Nebensächlichkeiten werden.

So ist es nun mal.

Die Profis raten:
Das Ambiente in der Nähe suchen

Wir möchten Ihnen raten, am ersten Tag etwas mehr Zeit zu investieren: Verschaffen Sie sich gleich einen Überblick über die Restaurants, die es in Ihrem Hotel gibt. Meistens sind im Zimmer entsprechende Prospekte, vielleicht sogar Speisekarten. Sonst lassen Sie sich vom Portier informieren. Meistens lohnt sich ein Rundgang. Ein Hotel-Restaurant muß sich nach der Internationalität seiner Gäste richten. Diese typische Auswahl ist gut und Ihnen sicher. Auch die Bemühung um einige Beispiele der regionalen Küche finden Sie bestimmt. Das entspricht vielleicht gerade Ihren Bedürfnissen. Dann bleiben Sie doch im Hotel! Kein Fragen nach Adressen, keine Qual der Wahl, kein Taxifahren, Im-Regen-Gehen, Zurückfinden. Hier sind die Bar und Ihr Bett unter dem gleichen Dach. Wie praktisch!

> Passen die Möglichkeiten des Hotels zu Ihrer Stimmung und zu Ihrem Appetit und Durst?

*

Sie haben aber, so vermuten wir, noch mehr Möglichkeiten in Ihrem Hotel als das Haupt-Restaurant, um etwas zu sich zu nehmen. Vielleicht ein Lunch-Bistro im französischen Stil, ein Wiener Café, ein italienisches Restaurant, die Halle mit kleinem Service, die Bar, in der Sie auch kleine warme und kalte Sachen bekommen, ein Dachrestaurant, eine Snack-Bar im Fitneßcenter. Oder eines der Restaurants hat gerade Spezialitäten-Wochen mit exotischer oder heimischer Küche. Besonders größere Häuser sind sehr erfinderisch, ihren Gästen im Hause etwas zu bieten.

> Lassen Sie sich über die aktuellen Angebote von Küche und Keller unterrichten!

*

Planen Sie danach einen kleinen Rundgang durch das ganze Hotel ein. Das dauert keine Viertelstunde, verschafft Ihnen aber einen Überblick. Bitten Sie eventuell eine Dame der Verkaufsabteilung, Ihnen die Konferenzräume und die Restaurants zu zeigen. Wir versichern Ihnen, sie wird es gern machen, wenn sie ahnt, daß Sie ein potentieller Bankett- oder Tagungsgast sind. Sie können sich bei der Gelegenheit auch gleich aussuchen, an welchem Tisch Sie abends gerne sitzen würden, Sie erfahren den Namen des Maîtres und lassen sich dann diesen Tisch reservieren. Man wird Ihnen bei dieser Tour schon alles zeigen, was in dem Haus bemerkenswert ist.

> Machen Sie einen Rundgang durch das Hotel.

*

Lassen Sie sich auch in den Restaurants Ihres Hotels einen Tisch reservieren. Sagen Sie Ihre Zimmernummer dazu. Nennen Sie Ihre Wünsche. Man wird Sie bevorzugt plazieren und bedienen. Sie können auch Ihren Zimmerschlüssel auf den Tisch legen. Dann weiß jeder vom Service, daß Sie ein Hausgast sind. Also jemand, der dem Haus mehr Geld einbringt, als nur dieses Essen. Jemand, der gegebenenfalls nicht nur verärgert weggeht, sondern auch richtig Ärger machen kann. Das motiviert zu Höchstleistungen, das wissen wir. Bitten Sie zum Beispiel den Maître, daß er Ihnen nach dem Essen einen schönen Platz in der Bar reservieren läßt. Er wird es gern tun und seinem Kollegen, dem Barchef, sagen, was für ein guter Hausgast Sie sind. So trägt Ihr Auftritt im Restaurant auch noch Früchte in der Bar, und Sie müssen dort nicht von vorne anfangen, sich Achtung und Respekt zu verschaffen.

> Identifizieren Sie sich bei der Tischreservierung im Hotel als Hausgast!

*

Das Abendrestaurant ist meistens elegant. Der Maître im Frack, seine männlichen und weiblichen Mitarbeiter sind, sorgfältig abgestuft, in ihrer entsprechen dunklen Arbeitsuniform. Das gehört zum Ambiente, so ist die Einrichtung, so ist halt die ganze Inszenierung: Feine Leute speisen erlesene Gerichte in exquisiter Umgebung unter sich. Geräusche, Gespräche und Geglitzer, alles gedämpft. Das wollen die Gäste, das wird geboten. Und da muß nun eben auf diesen Stil geachtet werden. Zu Recht, meinen wir, wird also verlangt: Gäste nur mit Anzug und Krawatte! Egal, auch wenn das Polohemd aus reiner Vikunia-Wolle ist und die Hose von „Bijan" in Beverly Hills stammt. Hier ist es nicht leger! Hier herrscht die Etikette. Wer das nicht mitmachen will, den warnen wir: Er würde sich hier im Sportdreß letztlich gar nicht wohlfühlen. Deplaziert.

> Wählen Sie das richtige Ambiente zu Ihrer Stimmung, und akzeptieren Sie die Konsequenzen!

*

Nutzen Sie die vielen Bewirtungsmöglichkeiten Ihres Hotels nicht nur für sich. Häufig sind Ihre Freunde am Ort gar nicht so oft in dem Hotel gewesen, in dem Sie gerade wohnen. Wir sind sicher, es ist eine Abwechslung für sie. Laden Sie sie ein, zum Kaffeetrinken in der Halle, zum Lunch oder zum Abendessen ins Restaurant, oder auf einen Drink in Ihre Suite, denn dafür haben Sie ja die großen Räume. Am besten ist es, Sie informieren den Portier, daß Sie, zum Beispiel, um 16 Uhr ein Ehepaar, sieht etwa so und so aus, erwarten. Sagen Sie ihm, wie diese Herrschaften heißen, und er möchte Ihren Gästen sagen, daß sie erwartet werden und sie dorthin begleitet werden, wo Sie warten. Das entspricht Ihrem Stil und dem des Hotels, und Ihre Gäste werden, mit Namen angesprochen, sich wohlfühlen.

> Die Gäste der Gäste verwöhnen, das kann niemand so gut wie ein Hotel!

Kapitel 6
Die Halle –
Die Bar

Viele Gäste haben viele Stimmungen.
Der eine möchte beobachten,
der andere will auftreten.
Diese Räume sind Zuschauerraum und Bühne zugleich.
Unterhaltsamer als manches Zimmer-TV.

Aus meiner Sicht:
Supergast mit Messingschild

Ja, ich gestehe es. Ich bin kein Bar-Profi. Wenn ich in eine Bar komme, dann ruft keiner meinen Namen und mixt meinen Spezial-Drink ohne Bestellung. Es gibt auch keine Bar, in der eine angebrochene Flasche mit meinem Namen auf mich wartet. Es gibt auch keine Messingschilder mit meinem Namen, an Tischkanten geschraubt, deren Beize von den Ärmeln meiner Sakkos abgeschliffen wurde.

Nein, so ist es nicht. Ich strebe eher im Hintergrund, um all die Leute herum, einem der beiden Enden des Tresens zu. Möglichst dem Ende, das an die Wand stößt. Am anderen ist zuviel Servier-Verkehr. Ich hocke dann da, abseits, als Zuschauer. Glücklich und zufrieden vor mich hinspinnend.

Oh doch, ich trinke schon etwas. Ich bin zwar keiner von denen, die genau wissen, daß ein Planters Punch anstatt mit Grenadine auch mit Bananensirup gemixt werden darf. Aber ich hatte eine Zeit, da bin ich aufgefallen, weil ich immer Pink Gin bestellte: eine ziemlich hohe Pfütze Angostura Bitter, aus Trinidad, mit viel ungekühltem Gin aufgegossen. Und dann mußte ich anderen Gästen erzählen, daß Angostura, heute nur „dash"-weise vorsichtig ins Glas gespritzt, früher ein Lieblingsgetränk englischer Kolonialoffiziere war. Die tranken das damals pur! Kaum vorstellbar, denn es ist so stark an Gewürzen wie Tabasco an Schärfe. Aber es half gegen Heimweh, Malaria, eingewachsene Nägel und Tropenkoller.

Doch ich war damals wohl in keiner richtigen Profi-Bar. Denn dort hätte mich sicher niemand gefragt, was ich da für braun-rotes Zeug trinke.

Ich erinnere mich auch noch, daß ich einen jungen Barkeeper kurz in Verlegenheit brachte, als ich ihn bat, mir einen dreifachen Wodka zu servieren. Er entschloß sich, ein Weißweinglas vollzugießen.

Aber das alles macht ja keinen Bar-Profi. Ich gehe sicher überhaupt zu selten in Bars und trinke lieber zu Hause. Auf Reisen allerdings versuche ich jedes Mal, in der Hotelbar Stammgast zu werden. Doch das braucht wohl länger, als ich dort wohne.

Und trotzdem: Kürzlich, habe ich, nur mal so und eigentlich ohne Durst, bei einem Barchef eines großen Hotels reingeschaut. Einfach, um ihm guten Tag zu sagen und zu sehen, wie es ihm geht. Ich wußte, daß er krank gewesen war, und hatte ihm etwas zum Lesen ins Krankenhaus geschickt. Als ich wieder ging, kam er um die Theke herum zu mir, sah mich an, gab mir die Hand und sagte: „Kommen Sie doch bald wieder. Ich würde mich sehr freuen!"

Vielleicht bin ich ja doch auf dem rechten Weg zur richtigen Theke.

So kann's laufen:
Langer Blick ohne Mienenspiel

Mit einem tiefen Seufzer knallte der Gast in seinem Zimmer den Aktenkoffer auf den Sessel. Er hatte genug für heute. Es hat zwar nicht so lange gedauert wie sonst mit diesen Leuten, aber es war ganz schön stressig gewesen.

‹Den Müller treffe ich erst um halb acht. Es ist halb fünf. Schlafen kann ich jetzt nicht. Zum Weggehen habe ich keine Lust. Soll ich jetzt hier im Zimmer bleiben?›

Er sah sich um. Gediegene Eleganz, aber nicht pompös. Großer Raum, kleiner Flur, Bad. Aber das Bett kommt nicht außer Sicht.

‹Ob ich mir nächstes Mal eine Suite miete? Es gibt ja neuerdings auch solche Junior-Suiten. Nicht ganz so groß, nicht ganz so teuer. Aber man kann dem Bett-Anblick entfliehen. Ich werde mir mal eine hier ansehen. Aber jetzt? Ach, die Halle sah ganz gemütlich aus!›

Er fährt hinunter, sucht einen freien Tisch. Überall sitzen Leute, schade. Da hinten, an einem großen Tisch, nur ein Herr. Er tritt heran, nickt lächelnd und bekommt nur einen indignierten Gesichtsausdruck zur Antwort. Er verharrt beim Setzen, vornübergebeugt und fragt:

„Verzeihen Sie, aber störe ich? Erwarten Sie noch jemanden? Ich kann gerne…"

„Nein, nein!"

Er setzt sich ganz. Schaut sich um, ob er nicht doch woanders ... Unfreundlicher Mensch. Na, egal. Wo ist der Hallenkellner? Niemand zu sehen. Der Gast wartet.

‹Da drüben, die trinken etwas, da ißt sogar jemand, also einen Service muß es hier geben. Aber das dauert! Jetzt warte ich schon eine Viertelstunde!›

Denkt er. Tatsächlich waren es nur vier Minuten. Aber er hat Kaffeedurst, will Kuchen, einen Cognac, es dauert ihm zu lange. Er steht auf und holt sich eine Zeitung in dem kleinen Kiosk gegenüber der Portiersloge, kommt zurück. Jetzt sitzen noch zwei weitere Leute an dem Tisch. Einer auf dem Platz, an dem er gesessen hat. Ärger keimt in ihm. Er dreht auf halbem Weg ab.

‹Mit dem lege ich mich nicht an. Und neben ihn setze ich mich auch nicht auf das Kanapee. Ach, da hinten ist die Bar. Dann gehe ich eben dahin!›

Er kommt in den Raum, mit einer Seite offen zur Halle, nicht so duster, auch bei Tage ein angenehmer Raum. Zwei, drei kleine Gruppen sitzen beieinander.

„Guten Tag! Wollen Sie hier an der Bar Platz nehmen? Oder an einem Tisch?"

Er steuert auf die Bar, setzt sich auf einen Hocker:

„Eigentlich wollte ich in der Halle einen Kaffee trinken. Aber da ist's so voll."

„Bekommen Sie alles auch bei mir. Einen Kaffee? Mögen Sie ein Stück Kuchen? Einen Cognac dazu?"

‹Woher weiß der das? Das ist aber sehr aufmerksam!›

Er macht die Zeitung auf, liest. Da setzt sich jemand direkt neben ihn und fragt laut, kaum, daß er auf dem Hocker sitzt:

„Kaffee! Das kann ich jetzt auch gebrauchen: Taugt der was? Herr Ober! Bringen Sie mir erst einen doppelten Whisky. Welchen haben Sie denn?"

Der Barkeeper lächelt fein, antwortet, es geht ein Debakel über Whisky-Sorten los. Zwischendurch guckt der neue Gast seinen Nebenmann immer beifallheischend an. Der wiederum hat sich halb abgedreht.

‹Ich starre in die Zeitung, in Wirklichkeit nehme ich kein Wort auf. Was sind hier nur für Gäste? Der eine ist unfreundlich, und der hier stört!›

Über den Zeitungsrand ein langer Blick. Der Barkeeper fängt ihn auf. Kein Mienenspiel. Aber dann wendet sich der Barkeeper dem Gast mit der Zeitung zu:

„Wollen Sie sich nicht dort an den Tisch setzen? Da haben Sie mehr Platz für Ihre Zeitung und können den Kuchen besser essen!"

Dann geht er zu dem Whisky-Kenner und schneidet das Thema an, ob Whiskey aus Kentucky sich eigentlich so nennen darf. Jetzt haben beide Gäste das Ambiente, das sie sich wünschen.

Der abgespannte Gast klettert erleichtert vom Hocker, setzt sich an den Tisch. Nun hat er diesen Nachbarn los und einen wunderbaren Überblick über die Halle. Mit Schadenfreude registriert er, daß an dem Tisch in der Halle neben dem Herren dort zu dem Paar noch zwei Kinder gekommen sind. Die turnen fröhlich auf dem Sofa herum.

„Ach, Barchef! Bitte, ich möchte noch einen Cognac. Übrigens, wie heißen Sie? Ich wohne eine Woche hier und komme sicher häufiger zu Ihnen..."

Und der andere Gast zum Barchef:

„Und ich lade Sie zu ein zu einem Test, Whisky gegen Whiskey mit e, o.k.?"

Hinter den Kulissen:
Betriebsamkeit und passive Mixer

Ein Raum ist in jedem Hotel von absolut zentraler Bedeutung: die Lobby, das Foyer, das Vestibül, auf gut deutsch die Empfangshalle, oder ganz einfach die Halle. Vom Eintreffen bis zum Abreisen, fast alle Wege eines Hotel-Gastes kreuzen die Halle. Nicht nur viele funktionelle, sondern auch entscheidende atmosphärische Anforderungen bündeln sich hier zu einer komplexen Einheit.

Bevor ein Hotel-Architekt die Empfangshalle auch nur von der Größe her anlegen kann, muß bereits das gesamte Konzept für das Hotel feststehen. Die Funktionen und Kapazitäten bestimmen alle Details.

72 Die Halle – Die Bar

Die Anzahl der Betten, zum Beispiel, gewichtet mit der Zahl der Rezeptionisten bestimmt die Zahl der Check-in-Points des Empfangstresens, so dessen Länge und damit auch die Raumgröße der Halle. Wie viele zugleich eintreffende Gäste müssen also Platz zum Warten haben, wo sind die Fahrstühle? Hat die Portiersloge freien Blick über die ganze Halle? Welche Lage hat der Haupteingang, der Bereich des Wagenmeisters, das Gepäckmagazin, die Dienstfahrstühle? Wie viele Sitzgruppen müssen für Gäste, und auch für die Gäste der Gäste zur Verfügung stehen?

Bestimmend ist auch die Entscheidung, welche Art von Service in der Halle geboten wird. Sitzen vielleicht nachmittags an der Hälfte der Tische Kaffee trinkende Hausgäste? Oder gibt es woanders im Hause ein Café für sie? Also: Welche Restaurants hat das Haus, und wann sind sie geöffnet? Und wichtig: Wo ist wieviel Platz in Vitrinen und Läden, die vermietet werden können?

Von woher kommen die Hallenkellner mit Getränken, ohne lange und hinderliche Wege? Sehen die Gäste sofort, wo sie ihre Garderobe lassen können? Wird die Halle auch für die Bankett-Räume genutzt, und wie groß sind diese? Denn wenn ja, dann strömen oft Hunderte von Personen zusätzlich durch diesen Raum? Zu welcher Garderobe?

Und dann die Ausstattung, Beleuchtung und Dekoration. Alles muß nicht nur quantitativ den Notwendigkeiten gerecht werden, sondern auch in das Ambiente des Hauses passen. Zwischen der Außenfassade und der Einrichtung des Zimmers darf der Gast in der Empfangshalle keinen Stilbruch spüren. Anforderungen, die allein für das Interieur mit sicher 2,5 Millionen DM zu Buch schlagen.

Nicht beobachtet werden, aber doch alles sehen. Das möchte der Gast in der Halle. Anonym warten und trotzdem dabei unterhalten sein. Betriebsame Arbeitsstätte und stille Leseecke zugleich. Eine Durchgangsschleuse mit der Atmosphäre eines Wohnzimmers.

Wenn ein Haus tatsächlich eine so ideale Halle hat: Welch Glück für alle! Aber nur bis zur nächsten Erweiterung. Denn dann stimmt nämlich gar nichts mehr.

Ein anderer Bereich des Hotels ist von ähnlich sensibler Bedeutung wie die Halle. Sowohl für die Gäste als auch den Betrieb: die Bar.

Eine Bar ist nicht eine Bar. Das kann ein Ausschank sein, ein Amüsierlokal, ein Nachtklub. Gemeinsam sind allen Hocker und Drinks. In einem Hotel ist eine Bar etwas Besonderes, Spezielles. Stellenbeschreibungen in der Gastronomie unterscheiden auch deutlich zwischen Tagesbar und Nachtbar. Viele gute Häuser haben beides, andere eine Bar für beide Zwecke.

Die erstere hat fast den ganzen Tag geöffnet, so ab 10 Uhr, ist oft in oder bei der Halle gelegen und abends nur begrenzt offen. Sie steht zwar in erster Linie Hotelgästen zur Verfügung, aber auch Passanten. Tagsüber soll der Gast im Hotel auch dann etwas trinken können, wenn er keine Lust hat, allein auf seinem Zimmer zu sein oder in der belebten Halle zu sitzen. Oder wenn die Restaurants geschlossen sind, oder er vor dem Essen im Halbstehen seinen Aperitif will, ehe er sich an den Tisch setzt.

In die Hotel-Nachtbar, so ab 17 Uhr geöffnet, kann ebenfalls jeder hinein, soweit er entsprechend gekleidet ist. Dort kann auch getanzt werden, und in manchen Hotels ist das ein richtiger Nightclub. Allerdings wird hier nicht „animiert", weder zum Trinken noch zu sonst etwas. Der Stil des Hauses wird auch hier gewahrt, über Mitternacht hinaus.

Das ist manchmal schwieriger, als man annimmt. Nun, nach des Tages Mühsal, da will man sich entspannen, unterhalten. Der Alkohol lockert die Zügel, soll er ja auch. Man sucht Gespräche, vielleicht auch Kontakte. Und genau da beginnt auch schon das Problem.

Hier sei es nun gleich einmal deutlich gesagt: Diese Problematik ist kaum lösbar. „Damen" tauchen heutzutage bei Galerie-Vernissagen, auf Gesellschaftsempfängen und in Couture-Boutiquen auf. So auch in Hotel-Bars – gelegentlich. In einigen, in anderen allerdings nie.

Ein unangenehmes Thema für die Gastronomie. Zunächst: Wie erkennt man diese „Damen"? Ganz einfach, wenn man Barchef ist: Beim Hereinkommen der dezent aber scharf im Lokal herumschweifende Blick, und auch der auffällig häufige Weg zum Ladies-Room. Federboa oder Stiletto-Absätze, das war einmal, heutzutage tragen sie dezent-elegante Schneiderkostüme. Und wenn der Barkeeper jede Frau hinauswerfen würde, die einen gewagt superkurzen Leder-Minirock trägt, könnte er an die junge Gattin eines dynamischen Erfolgsmanagers geraten und damit am Ende seinen Job gefährden.

74   Die Halle – Die Bar

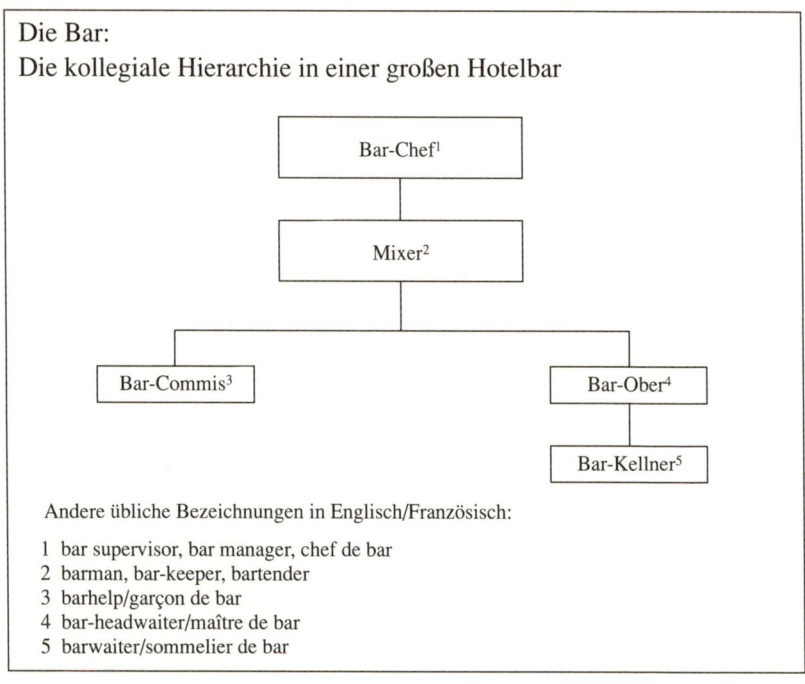

Die Bar:
Die kollegiale Hierarchie in einer großen Hotelbar

Andere übliche Bezeichnungen in Englisch/Französisch:
1 bar supervisor, bar manager, chef de bar
2 barman, bar-keeper, bartender
3 barhelp/garçon de bar
4 bar-headwaiter/maître de bar
5 barwaiter/sommelier de bar

Erschwerend ist, daß Herren, Gäste des Hotels, durchaus solide und ehrenwert, plötzlich in eine Stimmung geraten können, die den Wunsch nach femininer Unterhaltung übergroß werden lassen. Und dann bitten sie gar den Barchef, auch hier hilfreich zu sein, fragen nach dem Namen ‚der Dame da drüben'. Handelt der Barmann nun nach dem Motto der Branche: Wir tun alles für den Gast? Nein. Davor ist die Grenze! Egal, welcher Gast. Obwohl jeder Gast einen stillschweigenden Pakt mit dem Barchef auf unbedingte Diskretion hat, das nicht! Es gibt keinen Hoteldirektor, der das nicht so in allerdeutlichster Form angewiesen hat.

Nicht nur wegen seiner Niveau-Steuerungsfunktion in diesem umsatzfördernden lockeren, fröhlichen Ambiente ist er von stilbildender Bedeutung für das Hotel: Der Barmann ist zwangsläufig auch Ansprechpartner von Gästen, die sich, nun gelockert, von Mensch zu Mensch, inoffiziell bei ihm über das Hotel beklagen. Über Vorkommnisse, Menschen, Funktionen. Da bedarf es eines absolut loyalen Mitarbeiters, der geschickt diese Gast-Reklamationen aufnimmt, abbaut. Und am nächsten Tag intern so weitergibt, damit sich das ändert.

Der Umsatz der Bar ist für den Nettogewinn des Hotels von Bedeutung und wird durch feine Kontrollsysteme überwacht. Das liegt nicht so sehr an den absoluten Umsätzen. Die kann man zwischen 8 und immerhin 20 Prozent des Hotelumsatzes schätzen, je nach Konzept und Größe des Hauses. Wichtiger ist die Kalkulationsspanne.

Die Rohaufschläge auf Getränke erreichen normalerweise über 300 Prozent. Sie sind ein Teil der Mischkalkulation, aber durchaus nicht die Spitze der rein rechnerischen Wirtschaftlichkeit von Wareneinsatz: Bei Kaffee, Tee und Kakao rechnet sich das von vielleicht 2 DM Wareneinsatz auf 12 DM hoch, das wären also 600 Prozent. Aber bei einem Kännchen Tee ist das akzeptabel, wenn man sich aus sieben Sorten aussuchen kann, er mit feinem Porzellan, gar auf einem Rechaud, mit weißem und braunen Zucker und Süßstoff, Zitrone und Sahne, heißem Wasser zum Verdünnen sowie drei kleinen Stückchen Gebäck serviert wird.

Die Grundausstattung einer Hotel-Bar mit nur je einer Flasche jeder Sorte aller Getränke, die vorhanden sein müssen, ist eine Investition von gewiß 5.000 DM. Nicht, weil alle diese Getränke täglich geordert werden. Wichtig ist, daß diese und jene Sorte einer Getränkeart da sein muß. Mit etwa 150 Sorten liegt man da im Mittel, davon sind allein etwa 60 Ingredienzien, wie Noilly Prat Vermouth für den Dry Martini. Gäste lieben es, die Bar danach einzuschätzen, ob sie „ihre", meistens nicht sehr populäre Marke vorrätig hat.

Zum Beispiel ist zu bedenken, daß es allein sieben verschiedene Grundsorten von Whisky gibt: Malt, Grain, Blended Scotch und Canadian Whisky sowie noch Irish, Bourbon und American Whiskey.

Allein das Sortiment von Malt Whiskys ist schier unerschöpflich. Es gibt an die 200, häufig nur kleine Marken aus den High- und Lowlands und von den Inseln. Aber immerhin sind 14 bis 20 verschiedene Malts in einer gut sortierten Hotelbar zu erwarten.

Irgendwo in den leuchtenden Borden zwischen den Flaschen kann der Bargast häufig einen dreieckigen Wimpel sehen. Er zeigt einen Hahn mit stolzem Federschwanz, englisch: cocktail, auf dem Rand eines Cocktailglases. Das ist keine Dekoration, sondern der Beweis, daß hier jemand wirkt, vermutlich der Barchef, der Mitglied der DBU, Deutsche Barkeeper Union, ist.

Seit 1909 sind die Barmixer international organisiert, in 34 Ländern etwa 10.000 Mitglieder, davon rund 800 aktive in Deutschland. Fünf Jahre Barerfahrung hinter dem Tresen unter kundiger Leitung ist die Minimal-Qualifikation. Nach einer Prüfung wird der Kandidat entweder Barmixer oder, eins höher, Barmeister. Er darf an Cocktail-Meisterschaften teilnehmen, die alle drei Jahre drei ihre Weltmeister küren, je einen in den Kategorien Pré-Dinner-, After-Dinner- und Longdrink.

Wer seine Erfahrungen als aktiver Trinker vor der Theke gesammelt hat, darf auch Mitglied werden, sinnvollerweise jedoch als ‚passiver Mixer'!

Die Profis raten:
Die eigene Laune ernst nehmen

Die Halle ist als ein Vielzweck-Instrument für Sie gebaut und eingerichtet worden. Wir möchten, daß Sie es ausnutzen. Setzen Sie sich irgendwann einmal irgendwo hin und sehen Sie sich um. Sie entdecken gewiß, was Sie mit diesem Raum für Ihre momentanen Wünsche und Ambitionen anfangen können.

> Nutzen Sie die Möglichkeiten der Halle für sich!

*

Sie werden zunächst feststellen, welche Art von Service Sie dort geboten bekommen können. Prinzipiell müssen Sie dort überhaupt nichts verzehren, sondern können da sitzen, solange Sie wollen. Aber wenn Sie wollen: von der Schokolade bis zu Drinks, aber nicht unbedingt alle, die Sie in der Bar bekommen. Sicher ist nachmittags ein Kuchenwagen parat, lassen Sie sich die Auswahl zeigen oder nennen. Es gibt Hallen, in denen Sie auch sehr gut warme Kleinigkeiten essen können.

> Ein Ruheplatz, der in Bereitschaft ist, wenn es Sie spontan nach etwas gelüstet.

*

Sicher werden Sie auch einen Tisch sehen, der Ihnen besonders gefällt. Mit Lampe und gutem Überblick, oder im Hintergrund, oder bei dem Tisch mit den ausgelegten aktuellen Zeitungen. Sie können ihn sich zwar grundsätzlich nicht reservieren lassen, aber als Stammplatz anvisieren: für eine Pause zwischen den Terminen. Bleiben Sie längere Zeit, wird der Hallenkellner wissen, daß um eine bestimmt Zeit stets Sie dort sitzen und Sie vielleicht fragen: „Wie immer?"

> Gleiche Zeit, gleicher Platz, gleiche Order: der erste Schritt zum Stammgast.

Mit dem Portier hat der Barchef zweierlei gemeinsam: Menschenkenntnis und Verschwiegenheit. Alkohol entspannt, lockert und befreit. Aber eben auch von Zurückhaltung. Der Barchef hört und sieht von den Gästen mehr als irgend jemand sonst im Hotel. Meistens ungewollt. Oft aber hat sich zwischen Gast und Barmann nach vielen gemeinsamen Abenden ein großes Vertrauen entwickelt. Der Barmann ist der Partner für die Stunden, in denen die Fassaden abbröckeln – verständnisvoll und verschwiegen. So hat er in langen Jahren gelernt, seine Gäste richtig einzuschätzen. Ein erfahrener Barchef ahnt schon, was der Gast bestellt und wie er sich verhalten wird, wenn der erst gerade Platz nimmt. Es nützt also gar nichts, einem Barchef etwas vorzuspielen, warum auch? Er durchschaut die Rolle doch irgendwann, eher früher als später. Und eines hat er auch gelernt, nämlich jeden Gast zu akzeptieren – so, wie er ist.

> Machen Sie sich den Barmann zum Freund, und machen Sie ihm nichts vor!

Sie merken, wenn Sie für den Barmann ein angenehmer Gast sind. Ein wiedererkennendes Lächeln genügt oft schon. Dann können Sie, als Gast des Hotels, wenn Sie dort ein Problem haben, ihn um Rat bitten. Er wird Ihnen helfen. Er möchte ja, daß Sie länger im Hause wohnen, häufiger zu ihm in die Bar kommen. Denn Sie sind ja ein guter und angenehmer Gast für ihn. Er kennt das Haus und weiß, was Sie in diesem oder jenem Fall tun sollten. Ohne Aufregung und Ärger.

> Klagen Sie in der Bar ruhig auch mal über das Haus – vor einer offiziellen Rüge am nächsten Tag.

*

Oft spielt ein Pianist in der Bar. Er hat einen Vertrag für eine bestimmte Zeit am Abend. Spielt er länger, ist es sein Privatvergnügen. Bezahlt bekommt er eine Draufgabe vom Hause üblicherweise nicht. Klavierspielen ist hier sein Job. Damit verdient er Geld. Geben Sie es ihm, über den Barkeeper, mit Grüßen und Ihrem Wunsch. Es ist ihm sicher das Liebste. Und wenn Ihnen das zu dick und herablassend vorkommt: Sagen Sie dem Barkeeper, er möchte dem Pianisten auf Ihre Rechnung einen Drink bringen, den er mag. Aber denken Sie daran, daß der Mann am Klavier vielleicht noch Auto fahren muß.

> Tippen Sie mit Geld. Der Pianist ist nicht beleidigt!

*

Tippen Sie in der Bar wie überall: entsprechend der Leistung. Hat sich jemand besonders um Sie bemüht, geben Sie ihm mehr. Hat Sie einer nicht gut behandelt, knausern Sie. Den Durchschnitt bilden die bekannten 15 Prozent der Rechnungssumme. Wenn man zu viert, jeder drei Whisky und drei Soda und Mineralwasser extra, getrunken hat, dann haben Sie für rund 250 DM getrunken. Geben Sie also zu den zwölf Whiskys den Gegenwert von zwei Whisky Soda als Trinkgeld. Der Mann hat Ihnen auch den Mantel abgenommen, drei Stunden lang die Gläser gebracht, die Aschenbecher gelehrt, den Musikwunsch weitergegeben, Nüsse nachgefüllt und gesagt, daß an dem Nebentisch nicht der berühmte Dichter sitzt, sondern ein Möbelhersteller. Hat er das alles nicht gemacht, dann genügen auch 20 DM. Und wenn Sie beim Bezahlen nicht mehr so schnell rechnen können, dann ist das völlig o.k.! Dafür ist die Bar ja da. Haben Sie aber nur abgezeichnet, und Ihnen fällt am nächsten Tag ein, daß Sie das Trinkgeld vergessen haben, dann holen Sie es nach, per verschlossenem Umschlag über den Portier.

Oder persönlich am Abend danach. Das ist noch besser, denn dann sehen Sie es ihm an, was er denkt, wiedererkennend und lächelnd: Ein guter Gast! Ein netter Gast!

> Ihr Bar-Vergnügen war seine Arbeit. Hat er es gut gemacht, belohnen Sie ihn!

Der alleinreisenden Dame empfehlen wir, zum Beginn ihres Aufenthalts im Hotel, sich am späteren Nachmittag einmal in die Bar zu begeben. Sie sollte den Barchef nach seiner speziellen Kreation eines erfrischenden Nachmittagsdrinks fragen, ohne viel Alkohol. Jeder Barmann hat dafür etwas Ureigenenes erfunden. Bestellen Sie es, loben Sie es, und geben Sie einen guten Tip. Er wird Sie wie ein Erzengel vor dem Paradies bewachen! Er wird das im Prinzip sowieso tun. Denn er hat das Gespür dafür, ob eine oder zwei Damen ihre Ruhe haben wollen. Und er weiß, wie man das macht, unauffällig, diskret. Falls er viel zu tun hat: ein kurzer Blick von Ihnen, und er hat kapiert.

> Verbünden Sie sich mit dem Barchef, denn er weiß, wie man dafür sorgt, daß Sie Ruhe haben, gnädige Frau!

Kapitel 7
Die Bankett-Abteilung

Im allgemeinen haben Gastgeber nicht den Mut,
die Erfahrungen eines Hotels
für ihre Veranstaltungen voll zu nutzen.
Übliche Abende sind problemlos, aber langweilig.
Dabei ist Originelles oft nicht teurer.

Aus meiner Sicht:
Immer am falschen Tisch

Ich bekam eine geschäftliche Einladung. Von Firmenadresse an Firmenadresse. Ein Brief, keine gedruckte Doppel-Büttenkarte in englischer Schreibschrift mit handgeschriebener Anrede oben drüber.

Es war eine Einladung zu einem Abendessen in einem unserer besten Hotels am Ort. Trotzdem war sie ganz eigenartig und ungewöhnlich.

Der Geschäftsfreund schrieb, es wäre doch schade um die seltenen schönen Abende zu Hause, wenn sie immer wieder geschäftlichen Dingen geopfert würden. Und deshalb würde er mich mit meiner Frau einladen. Und dann wäre ja trotzdem leider die Gefahr, daß nur über das Geschäft geredet würde, weil ja alle aus der gleichen Branche wären. Deshalb würde diese Einladung für vier Personen ausgesprochen: Wir sollten ein persönliches Freundespaar mitbringen. Eben die, mit denen wir sonst gern diesen Abend zu Hause verbracht hätten. Bedingung: niemanden aus dem Berufsumfeld!

Das finde ich gar nicht schlecht, sagte ich zu meiner Frau, wir wollten die Kriters sowieso mal einladen. Die nehmen wir da mit. Dann sind wir in angenehmer Gesellschaft – egal, wer da sonst noch kommt.

Der Abend kam. Ich hatte natürlich, wie immer genau an einem solchen Abend, eine andere wichtige Sache vor. Da sagte meine Frau, sie würde ja, wie immer, zurückstecken, aber wir hätten doch schon die Kriters mit eingeladen, und denen könnten wir jetzt nicht mehr so einfach absagen. Also konnte ich doch.

Treffpunkt war ein getäfelter kleinerer Raum. Der Gastgeber und seine Frau standen am Eingang und begrüßten die Gäste. Jeder bekam einen kleinen Spickzettel mit den Namen der anderen Gäste und, wichtig, deren mitgebrachter Freunde. Das hatte die Sekretärin vorher telefonisch geklärt.

Die Drinks mixte der Gastgeber selbst. Neben ihm half nur ein Kellner, damit Gläser und Eis nicht ausgingen. Seine Frau mischte die Gäste. Offenbar hatte sie alle Namen auswendig gelernt. Sie führte die Neuankömmlinge zu denen, für die sie sich interessierten. Stellte sie einander vor, setzte mit ein paar Worten ein Gespräch in Gang und widmete sich wieder anderen Gästen. Sie stand über den Dingen und war mittendrin, selbstverständlich, locker und von großer Herzlichkeit. Es war eine ganz und gar private Atmosphäre.

Die Geschäftsleute kannte ich ja zum größten Teil, immer dieselben Gesichter. Aber deren Damen nur teilweise, und die andere Hälfte der Gäste natürlich gar nicht. Es war, laut der kleinen Who-Is-Who-Liste mit Berufsangaben, eine illustre, bunte, interessante Mischung, wie ich sie so noch nie in solchem Rahmen erlebt hatte.

Dann ging es zum Essen. Keine gedeckte Tafel, nur Dreier- und Fünfer-Clubtische mit Kerzen und Sesseln. Ein dekoratives Buffet und nur ein Kellner. Der Gastgeber klärte uns auf: Er würde bei offiziellen Essen immer am falschen Tisch sitzen. Wieso wisse er auch nicht, aber die Leute, mit denen er sich unterhalten wollte, säßen stets an einem anderen Tisch. Hier wäre das nicht möglich. Denn es wären mehr Sessel da als Gäste, und jeder solle sich selber holen, was er mag und sich dann setzen, wohin er will.

Ja, Selbstbedienung! Dieses Hotel müsse uns heute nicht vorführen, welch guten Service es leisten könne. Das wüßten wir alle ja längst sowieso aus eigener Erfahrung. Aber zwischendurch mal aufstehen und sich dann woanders hinsetzen, das wäre doch eigentlich sehr angenehm.

Es gab auf jedem Tisch einen Teller mit drei ganzen weißen Trüffeln und einem Trüffelhobel. Und heiße grüne Nudeln vom Buffet. Dort waren noch eine riesige französische und eine ebenso große italienische Käseplatte mit vielen verschiedenen Brotsorten und Butter. Und Getränke: ein sehr guter Roter, ein erstklassiger Weißer und Pils. Punkt.

Als so gegen halb eins ein enormer Lautstärkepegel keine Anzeichen von Stimmungsabschwung andeutete, immer wieder die Sessel an andere Tische herangerückt wurden und sich noch immer keine der 40 Personen verabschieden wollte, da fuhr der Gastgeber mit dem Profi-Kellner und der unsichtbaren Mannschaft der Bankett-Abteilung noch eine improvisierte dicke Mitternachtssuppe auf, schaffte alle benutzten Gläser weg und frisches Pils und Aquavit zur Suppe auf die wieder frischen Tische.

So gegen zwei Uhr, beim Weggehen, bekam jede Dame vom Gastgeber eine endlos lange Rose als Abschiedsgruß und Dank fürs Kommen. Es blieb, wie immer, ein harter Kern von knapp zehn Damen und Herren, die nicht weg wollten. Diese bugsierte er zügig in die Bar des Hotels, wo schon Platz reserviert war. Ich war natürlich dabei. Wie immer.

Was war das, bitte, nun eigentlich für ein Abend? Eines war er danach mit Sicherheit: Tagesgespräch.

So kann's laufen:
Frühstück für 15 ohne 2

Den Streß hatte nicht der Gast, sondern die Dame vom Bankett.

Die Sitzung der Gruppe von 15 Industrievertretern begann als Breakfast-Meeting. Um 8.15 Uhr früh. Ein Raum ab 7.30 Uhr, gebucht von einer Firma am Ort für zwei Tage. Jeweils bis 18 Uhr. Leider keine damit verbundenen Übernachtungen.

Routinearbeit für die Veranstaltungsabteilung des Hotels. Der kleine Konferenzraum „Senator" war noch am Vorabend dafür umgebaut worden. Gleich, nachdem dort die Familienfeier zu Ende gegangen war. Leider nicht, wie eigentlich vorgesehen, gegen 23 Uhr. Einige Unentwegte saßen noch bis Mitternacht in dem Raum, bevor der Gastgeber endlich sagte:

„Also, Leute, ich habe jetzt einen Vorschlag: Wir sind jetzt hier sowieso die letzten. Laßt uns rübergehen in die Bar. Da ist sogar noch Musik!"

Der diensthabende Bankettmanager war erleichtert:

‹Gut! Die Gäste hätten es schon die ganze letzte Stunde in der Bar viel gemütlicher gehabt als hier, in dem halbleeren Raum. Und ich hätte die beiden Set-up-Men nicht warten lassen müssen! Kostet wieder Nachttarif.›

Die haben mit ihm und den beiden Kellnern gewartet, um den Raum ab- und auszuräumen. Und dann noch für das Breakfast-Meeting neu aufbauen zu können. Das Eindecken mit Geschirr, Gläsern und so weiter wird morgen früh gemacht. Von einem Kellner mit einem Commis, für 15 Personen in einer Stunde zu schaffen.

Nun, alles war geschehen, als die Dame von der Bankett-Abteilung, die Frühdienst hatte, kurz vor halb acht in den Raum „Senator" kommt. Im Hintergrund stehen schon einige Herren in lebhaftem Gespräch. Sie prüft:

‹Die große ovale Tafel... eingedeckt für 1, 2, 3 ... 15, stimmt... der Sous-Chef mit Commis ist da... die beiden Kellner... sind da... das Frühstücksbuffet... auch Porridge, Speck und Kidneys, für den britischen Gast... Eiswasser für den Amerikaner... Alles da... wie geordert. Wunderbar.›

Sie geht, lächelt in den Raum hinein. Sie grüßt zu den Herren hinüber:

„Guten Morgen!"

Da dreht sich einer von denen abrupt um, geht auf sie zu, baut sich vor ihr auf und zischt:

„Was ist das für ein Laden hier??? Ich erfahre eben, daß zwei unserer Teilnehmer gestern abend hier ihre Zimmer nicht bekommen haben! Die mußten in ein anderes Hotel! Und da sind die jetzt, haben eben angerufen. Es war gebucht, fest und bestätigt! Das ist unglaublich! Wir hätten noch dringend ein Vorgespräch..."

Die Bankettdame wird bleich:

‹Das schmeißt alles über den Haufen. Kein Frühstück kann so gut sein, um solchen Ärger der Gäste zu überwinden...›

„Wie schrecklich! Das ist wirklich schlimm! Wie konnte das nur passieren?! Bitte geben Sie mir die Namen der beiden Herren, ich werde mich sofort darum kümmern."

Sie ist zwar gewohnt, ständig eingreifen zu müssen; sie koordiniert alles, gerne und gut. Aber auf das hier hat sie keinen Einfluß. Das spielt sich nur innerhalb der Reservierung ab.

„Bitte, überlassen Sie das jetzt mir. Sie können sich ganz auf Ihr Meeting hier konzentrieren. Wir haben wirklich alles ganz sorgfältig vorbereitet, es muß alles glatt ablaufen. Und ich werde versuchen, das wieder auszubügeln! Ich bedaure das außerordentlich, im Namen meines Hauses!"

Was der Gast nicht wußte, aber die Bankettdame sehr wohl: Das Haus war voll, war überbucht worden. Der Fehler entstand, als bei der Zimmer-Buchung nicht klargemacht wurde, daß diese fünf Übernachtungen zusammenhängen und dieses Meeting betreffen. Wer auch immer daran Schuld gewesen sein mag, die Herren wurden auseinandergerissen, als der Belegungsengpaß gestern abend entstand. Jetzt hilft nur noch ein überzeugender Versuch der Wiedergutmachung.

Die Bankettdame will nun ihre Veranstaltung atmosphärisch retten und nichts anderen überlassen. Sie ruft die beiden Herren in dem anderen Hotel an:

„Entschuldigung...! Unsere Hotel-Limousine holt Sie jetzt ... in fünf Minuten... Dürfen wir Sie denn heute nacht hier bei uns...? Sie bekommen beide eine Suite... Ohne Aufschlag... Wir übernehmen das Einpacken dort und das Auspacken hier... Sie haben gar keine Mühe... Danke vielmals! Wir bitten noch einmal..."

Und in den Suiten, die rein zufällig früh frei wurden, stand dann je eine Flasche Champagner. Mit einer offiziellen Entschuldigung. Unterschrieben, da der Hotel-Boß nicht im Hause war, vom Empfangschef und von der Bankettleiterin.

Eine halbe Stunde später sah die Dame der Veranstaltungsabteilung durch einen Türspalt, um nicht zu stören, diese beiden Herren auch in der Frühstücksrunde. Man lachte. Die Stimmung war wieder gut. Erleichtert dachte sie:

‹Hoffentlich haben wir das noch hingekriegt! Jetzt darf aber auch nichts mehr passieren! Ich bleibe da selber dran!›

Hinter den Kulissen:
Runde Sache aus vielen Details

Bankett-Abteilung? Der normale Gast gerät selten dorthin. Wer hat schon ein Bankett, also ein Galadiner, Ehrenmahl oder Festessen zu organisieren, wenn er auf Reisen ist. Doch diese Abteilung ist von enormer Bedeutung für die geschäftliche Situation des Hotelbetriebes.

Nimmt man zum Beispiel bei einem gutgehenden Stadthotel des höchsten Standards die beiden Haupt-Ertragsbereiche zusammen, dann kommen aus dem Beherbergungsbereich gut die Hälfte und aus dem Bereich Warenverkauf über ein Drittel des Ertrages. Warenverkauf, das sind die Gastronomie, mit Speisen und Getränken, und Handelswaren.

Von diesem allein die Gastronomie betreffenden Drittel, das sich aus den Aktivitäten von vielleicht zwei Restaurants, der Halle, der Bar, dem Room-Service, der Weinhandlung und dem Bankettbereich ergibt, bringt allein diese Unterabteilung Bankett mehr als die Hälfte des gesamten Gastronomie-Ertrags. Wieder hochgerechnet ist das etwa ein Fünftel aller Erträge des Hotels.

Das bedeutet, daß die Bankett-Abteilung, nach dem englischen banquet = Festmahl, für die Ertragslage des Hauses entscheidend ist. Häufig kann man sogar sagen: Die Bankett-Abteilung bildet die Basis für die notwendigen Restaurants des Hotels. Sie ist wichtig, hat Einfluß und, wegen der harten und besonders unregelmäßigen Arbeitszeit, auch besondere Personalprobleme.

Chef dieser Abteilung ist der Bankettleiter oder die -leiterin. Denn zunehmend zeigt sich, daß gerade in diesem Beratungsbereich Frauen ihr emotionelles Einfühlungsvermögen besonders erfolgreich einbringen können. Sie oder er ist verantwortlich für eine Anzahl von verschieden großen, teilweise kombinierbaren und teilbaren Räumen, die mit Tischen, Stühlen und Podien unterschiedlichst ausgestattet werden können, für eine spezielle Service- und häufig eine spezielle Küchenmannschaft. Oft mit einer separaten Küche. Und meistens mit einem speziellem Geschirrdesign ausgestattet. Warum? Ein Sonderthema: wegen der Verantwortung für den Bruch. Denn in wessen Abteilung sind die fehlenden 42 Suppentassen kaputtgegangen, im Restaurant oder im Ballsaal?

In den Veranstaltungsräumen finden kleine und große Essen, Feste und Bälle statt, aber auch Konferenzen, Tagungen und Kongresse sowie Modenschauen, Produkt-Präsentationen und Auktionen. 30 Prozent der Veranstaltungen sind private Anlässe, auch kleinere, angefangen von der Verlobungsfeier mit zwölf Personen. Für geschäftliche Gelegenheiten werden die Räume am häufigsten für 40 bis 100 Personen genutzt, bis zum Prominenten-Vortrag vor mehreren Hundert Zuhörern.

Das sind die Räumlichkeiten, in denen Persönlichkeiten, Organisationen und Unternehmen Zusammenkünfte aller Art veranstalten, die sie in ihren eigenen Räumen nicht bewältigen können oder wollen. Denn es ist ein sehr imageträchtiger Unterschied, ob man eine Tafel im hauseigenen Kasino seiner Firma aufstellen läßt oder seinen Gästen das ganze Renommee und Ambiente eines Spitzenhotels als Rahmen bietet. Denn das ist ja in dessen Preisen sozusagen ‚mit drin'.

In den Bletträumen findet natürlich etwas völlig anderes statt als in einem Restaurant. In dem stehen Tische und Stühle, wie sie stehen, es gibt eine Speisenkarte mit einigen Gerichten, auf die sind die Köche eingestellt. Im Bankettbereich wird alles nach den Wünschen der Gastgeber individuell zusammengestellt. Und hinzu kommen all die vielen, schier unendlichen Möglichkeiten, die einer Veranstaltung den ganz persönlichen, diesem einen Zweck angemessenen Rahmen geben. Von der Dekoration der Festtafel über die Video-Projektion und Dolmetscheranlage bis zum Auftritt einer Life-Band mit Parkett zum Tanzen. Je nachdem.

Zum Beispiel sind allein die möglichen Formen von Festtafeln für ein Essen fast unendlich: T-, U-, E- und Kamm-Form, Einzeltafel, Zehner-Tische rund, Vierer-Tische quadratisch, Sechser-Einzeltische mit Präsidententafel quer oder das Rechteck... und jede dieser Möglichkeiten hat spezielle Vor- und auch Nachteile. Zum Beispiel ist die Schwäche des geschlossenes Rechtecks mit Stühlen außen herum, daß kein Gast mehr Gesprächspartner hat, als je nur einen rechts und einen links. Für die Tischordnung eine fast unlösbare Aufgabe. Eine Bankett-Abteilung kennt das alles sehr genau aus Erfahrung. Ähnliches gilt für die Anzahl der Gänge, die Auswahl der Speisen, die ganze Abfolge des Abends und dessen Zeitablauf.

Was gemacht wird, ist durchaus nicht primär eine Frage des Preises. Gut, da gibt es Untergrenzen. Aber die liegen erstaunlich niedrig, wenn man bedenkt, was darin alles enthalten ist.

So ist in den Preisen ein immenser Aufwand von Beratungen, Vorbereitungen, Organisationen, Beschaffungen und sehr viel Personalzeit einkalkuliert. Man muß in etwa die Dauer der eigentlichen Veranstaltung verdoppeln, um die Zeit für die Vorbereitungen zu schätzen.

In den Marketing-Aktivitäten vieler Hotels spiegelt sich die Bedeutung der Bankett-Abteilung nur bedingt wieder. Obwohl gerade hier eine besonders übersichtliche Darstellung des vielfältigen Angebotes zwingend wäre. Denn wenige Gesprächspartner auf der Gastgeberseite, die über solche Veranstaltungen mitentscheiden, sind auf diesem Gebiet wirklich professionell erfahren.

Die Gastgeber sollten sich die jeweiligen Möglichkeiten des Hotels zeigen lassen und auf den Rat der Bankett-Profis einlassen. Entscheiden muß, wer das bezahlt, natürlich selbst. Nicht nur über das Geld, sondern über sehr viele Details. Eine gelungene Veranstaltung ist wie eine Perlenkette: Ein Teilchen reiht sich harmonisch an das andere, dann wird es eine runde Sache.

Leider wissen viele gastgebende Veranstalter nicht, daß ein normaler, gewohnter, üblicher Ablauf zwar sicher, aber für die Gäste langweilig ist. Denn die haben das in ebendieser Art schon dutzendfach erlebt. Aber für kreative originelle Details muß man als Entscheider etwas Mut haben. Das kann der Bankettberater des Hotels nicht übernehmen. Sonst aber fast alles.

Insofern sollte sich die Dame des Hauses oder der Boss der Firma um die Entscheidungen des Was und Wie doch weitgehend selbst, ganz persönlich kümmern. Die Mitarbeiter und Sekretärinnen haben dann noch genügend Probleme bei der Durchführung der getroffenen Anweisungen zu bewältigen, um ihre besondere Qualifikation zu beweisen.

Aber, ob zum Rehrücken zweierlei Rotweine angeboten werden sollen, und wenn ja, welche zu welchem Preis je Flasche, das kann nur entscheiden, wer selbst schon oft genug zum Rehrücken falschen Wein getrunken hat.

Mit unsicheren, aber den Ratschlägen nicht aufgeschlossenen Gesprächspartnern haben Bankettberaterinnen und -berater es schwer. Diese Haltung führt ihre Kunden zu Abwehrreaktionen und Besserwisserei, zu falschen Einschätzungen von Fakten, zu Umdispositionen in letzter Minute und am Ende zu einem Abend, der zwar nicht schiefgegangen ist, aber für's gleiche Geld eine Sensation zum Ruhme des Gastgebers hätte werden können.

So etwas kränkt gute Bankettmitarbeiter. Und am Ende auch das Hotel, dessen Ruf auch daran hängt, ob die eingeladenen Gäste diesen Abend in diesem Haus wirklich gelungen fanden.

Vielleicht war's nur ‚Na-ja-wie-sowas-halt-ist'. Mancher Gastgeber erfährt die Wahrheit nie.

Die Profis raten:
Generelles wissen und Details glauben

Die Hauptarbeit, wir gestehen es ganz frei, hat der Gastgeber zu allererst selber. Er muß sich genau überlegen, was er eigentlich mit seiner Veranstaltung erreichen will. Geschäftlich ist das meistens ziemlich klar. Aber privat? Sich selbst feiern lassen? Neue Bekannte beeindrucken? Den Familienclan zusammenbringen? Einen Empfang ganz zeremoniell durchziehen? Danach richtet sich dann schon fast alles andere. Und er sollte sich selbst den finanziell kompletten und maximalen Rahmen ganz klarmachen – in DM.

> Was will ich erreichen, und was will ich dafür ausgeben?

Das Hotel, das vom Niveau, von seinem Ruf am Ort und vom Ambiente zu Ihnen und diesem Anlaß paßt, aussuchen und dann einfach ein Gespräch mit der Bankettberatung arrangieren. Zur Einstimmung können Sie sich eine sogenannte Veranstaltungsbroschüre schicken lassen. Aber nach aller Erfahrung nützt Ihnen diese alleine nicht viel, sie ist eher ein Hilfsmittel für die dann anstehende Besprechung im Hotel. Man wird Ihnen die Räume zeigen, Sie viel fragen und auf wichtige Dinge aufmerksam machen, an die Sie gar nicht gedacht haben. Machen Sie sich also auf, offenbaren Sie, was Sie wirklich wollen. Alle Bankettmitarbeiter sind Ihre Partner für Ihre Veranstaltung. Ob mit vollem Einsatz oder halber Kraft, das entscheidet auch Ihre Offenheit.

> Suchen Sie eine vertrauensvolle Partnerschaft. Je enger sie ist, desto sicherer wird Ihr Fest ein Erfolg sein!

Haben Sie den Mut, Ihren Gästen etwas anzubieten, was Sie für sich selbst aussuchen würden! Demonstrieren Sie Ihren Geschmack, Ihre Ambitionen, Ihre eigenen Vorlieben. Je mehr Sie das tun, desto mehr wird das Ihr ganz individuelles Fest werden. Und nicht irgendeines, das Sie nur bezahlt haben.

Sprengen Sie gezielt Konventionen. Eingeladene wollen überrascht werden, etwas Neuartiges kennenlernen, Anregungen bekommen, einmal etwas anderes erleben. Als Resümee Ihrer Bemühungen sollte niemand sagen können: „Na ja, es war nett, wie so etwas halt immer ist!"

> Die guten Ratschläge der Berater kommen gewiß. Haben Sie den Mut, ihnen zu folgen!

*

Heimtückisch sind interne Abwicklungsdetails, von deren Existenz Sie als Gast nichts ahnen können. Diese sind aber entscheidend dafür, ob Ihre Gäste ihr individuelles Geschenk auf dem Zimmer finden, die Aperitifs zur rechten Zeit da sind, der Zwischengang nicht auf sich warten läßt, Servicegeklapper nicht die Ansprache stört und der Überraschungsauftritt auch sein Podium findet. Die Bankett-Abteilung kann fast alles machen, wenn sie die Zeit und die Mittel zur Verfügung hat. Aber es geht eben technisch nicht, daß Sie 40 Gästen je eine Flasche von fünf verschiedenen Weinen zur individuellen Auswahl anbieten (eine schöne und noble Geste!) und dann jeder innerhalb von fünf Minuten seinen Wein im Glas hat. Wieso nicht? Weil das Entkorken der Flaschen erst richtig losgehen kann, wenn der Service weiß, wie viele Gäste welchen Wein wollen. Sonst stehen da offene Flaschen, die keiner will!

> Zeigen Sie sich flexibel, wenn die Fachleute des Hotels Sie vor technisch-organisatorischen Engpässen warnen!

*

Die Bürde eines Gastgebers ist groß, und gegen Ende der Veranstaltung ist er erschöpft. Der Gastgeber ist ja nicht zum Feiern da. Er muß sich stundenlang bemühen und kümmern, daß sich seine Gäste amüsieren. Nicht er. Er ist wie das Auge des Taifuns. Bis dann endlich alles vorbei ist. Und dann vergißt, verständlicherweise, ein Drittel, sich noch um die Trinkgelder zu kümmern. Doch es hat ja eine ganze Mannschaft für ihn gearbeitet: Nicht nur die Leute vom Service, die er gesehen hat, sondern die Organisatoren, die Küchenbrigade, der Barmann, die Garderobenfrau, die Set-up-Leute, die Tische, Stühle und Podeste zu schleppen haben. Und das möglicherweise bis in die Nachtstunden. Kurz, es gibt keinen Anlaß, hier nur wenig oder gar kein Trinkgeld zu geben.

> Das Tippen ist bei Veranstaltungen besonders effektiv, weil es so viele vergessen!

Und wieviel? Gehen Sie mal von zirka 3 Prozent der Rechnungssumme aus. Also bei einer Rechnung von 8000 DM sind das 240 DM. Bei wenig Aufwand eher etwas weniger, bei hohem Aufwand eher etwas mehr. Geben Sie einen Umschlag mit zwei Dritteln für den Service und einen mit einem Drittel für die Küche. Oder alles zusammen dem Bankettberater zum entsprechenden Verteilen. Unüblich, aber deshalb vielleicht eine besondere Motivation für das Personal Ihrer Veranstaltung, wenn Sie der Bankettberatung eine Art Anzahlung für den endgültigen Tip schon vorher geben.

> Eine motivierte Mannschaft hilft bei der Überwindung von unerwarteten Schwierigkeiten hinter den Kulissen!

Wie überall, so ist es auch mit der Bankettmannschaft: Sie arbeitet, wie viele im Hotel, oft hinter den Kulissen, damit es den Gästen alles recht ist. Und wenn dann alles geklappt hat, dann beginnt auch schon die Vorbereitungsarbeit für die nächsten Gäste. Das ist ihr Job. Der Gastgeber wird inzwischen viele Anrufe bekommen, er wird gelobt, ihm wird gedankt, zum Erfolg gratuliert. Lassen Sie einen Spritzer von diesem Segen auf Ihren Bankettberater kommen. Auf neudeutsch: Feedback. Ein Anruf, gar ein Briefchen. Stellen Sie sich vor, Sie machen in dem Haus wieder etwas: Diese Mitarbeiterin oder dieser Mitarbeiter des Hotels wird sich dann sicher daran erinnern, daß Sie ihm gedankt haben. Denn das machen leider die wenigsten.

> Vermitteln Sie den Bankettleuten etwas von der Resonanz, die Sie auf diese Veranstaltung bekommen haben.

Kapitel 8
Der Chefportier

Gäste, die ihn nicht kennen
und die er nicht erkennt, wissen nicht,
wie gut das Hotel sein kann.
Sein Lächeln löst die Probleme,
an denen alle Brecheisen scheitern.

Aus meiner Sicht:
Eckige Verschleierungsmethoden

Ich war noch sehr jung. Ich dachte, ich müsse Eindruck machen. Von sicherem Auftritt hatte ich keine Ahnung. Ich war eben unsicher. Deshalb wollte ich mich ja auch bemerkbar machen. Alle sollten mitbekommen: Hier kommt jemand, der gar nicht unsicher ist!

Da traf ich einen Chefportier in einem der großen Hotels. Der war schon älter und dachte, es würde mir nützen, wenn er mir etwas hilft, es besser zu machen. Und er erzählte mir von seinem Beruf, seinem Alltag, von den Gästen, ihren Problemen, ihren Wünschen, ihren Freuden. Natürlich alles ohne Namen!

Er war ein netter Mann geblieben. Obwohl so manche Erlebnisse ihn hätten zum Zyniker machen können. Er hatte seine ganzen Erfahrungen mit Menschen zur Basis seines Berufes komprimiert. Auf der konnte er gut stehen. In ziemlich allen Situationen: Die Gäste brauchen etwas, ich habe es, ich mache es gerne. Und er hat mir erklärt:

Der Gast braucht meistens Hilfe, wenn er zum Portier kommt. Irgend etwas kann oder mag er nicht selbst erledigen. Er ist im Moment unsicher. Und das wollen viele möglichst kaschieren, also verbergen, verdecken, überkleben.

Solche Verschleierungsmethoden rasch zu durchschauen, lernt so ein Portier mit der Zeit zwangsläufig. Es gibt nicht viele Maschen, die da immer wieder abgezogen werden, um selbstsicher zu erscheinen – zu wenige jedenfalls, um dem geschulten Blick eines Portiers zu entgehen. Die meisten dieser Gäste werden eckig, geben an und blasen sich auf. Dabei ist das ganz unnötig. Für den Portier sind nämlich alle Gäste wichtig. Das geht gar nicht anders, sagte er.

Aber sympathischer wären ihm schon die Gäste, die zu ihrer Unsicherheit stehen. Warum denn auch nicht, sie hätten ja nichts zu verlieren. Er wäre Portier, er bliebe sowieso immer höflich. Die Gäste hätten ja auch das Geld, um die Preise zu bezahlen. Also kein Grund für große Gesten. Übrigens seien Zechpreller besonders lässig und sicher.

Überhaupt, Geld imponiere ihm nicht. Aber die Postkarte aus Singapur von dem Gast, dem er vor einer Woche noch sein vergessenes Ticket zum Flughafen geschickt hatte, die hätte ihn beeindruckt. Und wenn er von einem Gast mit seinem Namen, nicht in seiner anonymen Funktion, sondern als Mensch angesprochen würde, dann bemühe er sich noch ein bißchen mehr als sonst.

Seit diesem Gespräch sind die Portiers meine väterlichen Freunde. Ich frage sie um Rat, um ihre Meinung. Und insgeheim glaube ich, daß ein Portier manchmal schon weiß, was ich von ihm möchte, bevor ich es ihm gesagt habe.

Aber das läßt er sich nicht anmerken. Denn ich bin ja der Gast.

So kann's laufen:
Die Leidenschaft des Sohnes

Seine Frau kam aus dem Marmorbad, knotete sich den Bademantel zu und sah, daß er auf dem Bett eingeschlafen war. Es war früher Nachmittag. Die Konferenz gestern bis spät, und heute früh die Sitzung bis mittags, einschließlich Arbeitsessen, das hatte ihn doch mitgenommen. Sie denkt:

‹Ich laß' ihn schlafen, er hat es verdient. Und ich weiß, er hat es nötig!›

Da klingelt grell das Telefon am Bett! Sie hatte nicht daran gedacht, der Telefonzentrale zu sagen, daß sie nicht gestört sein wollten. Zu spät. Er ist sofort wach und meldet sich.

„Ja? Hier Petersen? ... Ach, Sie sind es? ... Wollten wir uns nicht morgen ...? Doch, natürlich. Macht nichts! ... Wann? ... Ja, gut, so in einer halben Stunde, in der Halle ... Wir freuen uns!"

Er legt auf, stöhnt und ihm schießt durch den Kopf:

‹Von wegen: freuen! Glatt gelogen! Eine Unverschämtheit von dem Kerl: sie wären gerade hier vorbeigekommen! Der glaubt, bloß weil ich von ihm den Liefervertrag brauche ... einfach einen Tag früher...›

Seine Frau hat ihn mit einer Mischung aus Mitleid und Sorge beobachtet und stellt sich innerlich auf Flexibilität ein. Wieder einmal. Darin ist sie schon trainiert. Er dreht sich aus dem Bett:

„Die Meiers sind unten. Sie können morgen nicht, ob wir nicht heute…? Wenn mir der nicht so wichtig wäre! Was machen wir bloß jetzt mit denen? So auf die Schnelle? Ach, ich rufe mal den Lackner, den Chefportier an. Der weiß immer alles…"

Während seine Frau den Ruck-Zuck-Fertig-Gang einlegt, den sie neben ihm zwangsläufig gelernt hat, spricht er mit dem Portier:

„Guten Tag, Herr Lackner! Hier Petersen, Zimmer 123. Ich habe da ein Problem. Unerwartete Gäste von mir, sie setzen sich gerade in der Halle … Ja, die, das sind Direktor Meier und Frau! Er ist mir sehr wichtig, bitte kümmern Sie sich doch um die beiden. Alles auf meine Rechnung. Und dann, können Sie mir helfen? Ich wäre Ihnen dafür wirklich sehr dankbar: Ich hatte für morgen alles arrangiert und muß nun schon heute …"

Er sprach keine fünf Minuten mit Herrn Lackner, der seit vielen Jahren hier der Chefportier war. Für Herrn Petersen, der schon ein paarmal hier gewohnt hat, tut er alles, was er kann. Denn vor Jahren hat der ihm einmal aus USA eine Baseball-Mütze für seinen Sohn mitgebracht. Weil sie mal ins Gespräch gekommen sind und er Herrn Petersen von der Leidenschaft seines Sohnes für die „San Francisco Giants" erzählt hat. Daran hatte sein Gast, der Herr Petersen, gedacht!

Nach einer knappen dreiviertel Stunde kommen Frau und Herr Petersen in die Halle. Herr Meier springt auf:

„Sie, mein lieber Petersen, das ist ja ein tolles Hotel hier! Die haben uns verwöhnt und umschwirrt, als wären wir Hollywood-Stars! Toll, wohnen Sie hier öfter? Muß ich mir merken!"

Man setzt sich, palavert etwas, dann ein Blickkontakt zwischen dem Chefportier und Herrn Petersen, der aufsteht und zur Portiersloge geht.

„Herr Petersen, ich habe jetzt folgendes geklärt: Ihre Gattin ist mit Frau Meier bei „Silhouette Moden" avisiert, die Direktrice selbst erwartet die Damen. Sie können mit Herrn Meier in dieser Zeit in unserem kleinen Salon „Michael" konferieren und die anderen Herren dazu bitten. Der Service richtet den Raum schon entsprechend her. Heute abend haben Sie vier Karten für das Ballett im Opernhaus, New York City Ballet, beste Plätze. Für einen anschließenden Imbiß habe ich auf Ihren Namen im „Artichaut" einen Ecktisch reserviert, den Oberkellner kenne ich, er wird sich speziell um Sie kümmern. Und für den Fall, daß Sie dann noch mit Ihrer Gattin allein in der Bar etwas entspannen wollen: Der Barchef Hernandez hält so ab halb zwölf hier bei uns einen kleinen Tisch für Sie frei."

„Fabelhaft, Herr Lackner, das ist wunderbar organisiert!"

„Hier habe ich das für Sie notiert. Und noch eine Frage, Herr Petersen: Fahren Sie nun einen Tag früher weg? Soll ich Ihnen den Flug umbuchen?"

Hinter den Kulissen:
Nur 6000 goldene Schlüsselpaare

Jede Hotel-Abteilung sieht das natürlich anders. Aber vom Gast aus gesehen: Das Herz des Hotels ist die Loge des Portiers. Nicht Tisch, Tresen oder gar Theke: Loge! Der Chefportier ist wie ein moderner ‚Majordomus', der allmächtige Hausmeier der Merowinger. Der durfte sogar oft den König vertreten.

Man erkennt den qualifizierten Portier an den gekreuzten Schlüsseln auf den schwarzen Samtrevers seines Cuts. Das ist kein Zierrat, sondern das offizielle Zeichen für die Mitgliedschaft in der „Vereinigung der Chefportiers der Grand-Hotels – Die goldenen Schlüssel". In 26 Ländern der Erde sind ungefähr 6000 Chefportiers und Portiers Mitglieder. Diese Mitgliedschaft ist nicht etwa automatisch. Vielmehr muß ein Antragsteller mindestens drei Sprachen beherrschen und von zwei Mitgliedern vorgeschlagen werden. Wer keinen zweifelsfreien Leumund hat, wird abgelehnt! Unredlichkeit, auch in privater finanzieller Hinsicht, führt zum unerbittlichen Ausschluß.

Diese Bonität ist von großem Vorteil für die Gäste. Die Portiers kennen einander gut. Durch die Internationalität ihrer Karriere und ihrer Gäste haben sie rund um den Globus häufigen Kontakt untereinander, helfen sich gegenseitig, legen Geld aus, setzen ihre lokalen Beziehungen ein. Diese

Der Chefportier

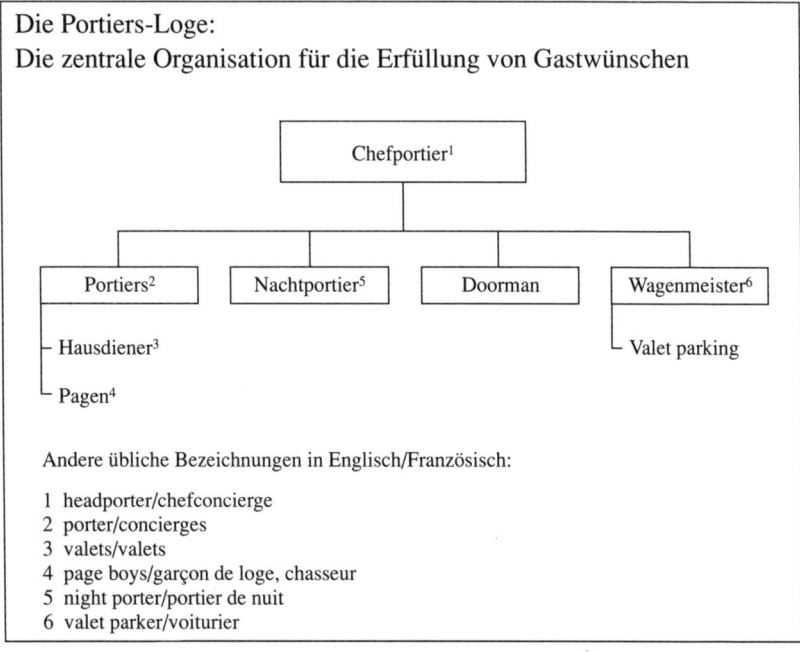

Die Portiers-Loge:
Die zentrale Organisation für die Erfüllung von Gastwünschen

Andere übliche Bezeichnungen in Englisch/Französisch:
1 headporter/chefconcierge
2 porter/concierges
3 valets/valets
4 page boys/garçon de loge, chasseur
5 night porter/portier de nuit
6 valet parker/voiturier

Querverbindungen machen ihnen Dienstleistungen möglich, die anders kaum so rasch und zuverlässig zu bewerkstelligen sind.

In seiner Stadt, in seinem Land hat der Chefportier sich systematisch beste Verbindungen zu mehr wichtigen Institutionen und Persönlichkeiten aufgebaut, als der Gast oft ahnt: Er kennt, wenn nötig, nicht nur den besten Nieren-Spezialisten am Ort, er bekommt bei diesem für seinen Gast auch innerhalb von 24 Stunden einen Termin. Er kennt den Prominenten der Stadt, der sein ungenutztes Haus verkaufen oder möbliert für einige Zeit vermieten will. Er arrangiert Programme für die mitreisenden Damen, kennt den richtigen Notar und läßt über seine Kollegen innerhalb von Stunden, wenn's sein muß, Präsente in aller Welt überreichen. Der Gast zahlt bei ihm, sein Kollege legt aus.

Der Portier hat nicht nur mit Erfahrung und Intuition die Gabe entwickelt, schnell zu verstehen, was der Gast eigentlich will. Er ist auch einer der wenigen Menschen in unserer klatschsüchtigen Welt, der schweigen kann. Unbedingte Diskretion ist Ehrensache! Viele Prominente vertrauen ihm deshalb Arrangements an, die unter keinen Umständen publik werden sollen.

Natürlich kennt er auch all die Unbekannten, die in der Stadt etwas Begehrtes zu vergeben haben: Festspielkarten, Schlafwagen-Betten, Informationen, Zeitungsmeldungen und so weiter. Das sind oft die am schwierigsten zu beschaffenden Sachen. Wie er das zuwege bringt, bleibt sein Geheimnis. Aber mit Sicherheit hat er für diese Kontaktpersonen schon seit Jahren viel getan, diese Verbindung gepflegt. Investitionen, deren Früchte seinen Gästen zugute kommen.

Beim Chefportier zählen Treue zum Hotel und Kontinuität noch viel. Dadurch hat er einen großen Überblick über sein Haus, dessen Mitarbeiter und deren Kompetenz. Er weiß, wer seinem Gast wobei wirklich helfen kann, er kennt sie alle, auch die Gäste. In ihren starken und schwachen Momenten. Ihm kann keiner etwas vormachen, er hat schon soviel erlebt. Er steht darüber. Er verdient Vertrauen. Und eigentlich ein höheres Gehalt.

Er ist in einem Haus mittlerer Größenordnung Chef von mindestens anderthalb Dutzend Menschen: Portiers, Pagen, Hausdiener. Deren einzige Aufgabe ist es, alles nur Erdenkliche zu tun, damit sich der Gast rundum, das heißt also auch emotional wohlfühlt. Vom Eintreffen vor dem Haus bis zur Abfahrt mit dem Taxi. Der Chefportier muß sie leiten. Es ist allerdings heutzutage und speziell hierzulande schwer, Pagen zu finden und diese jungen Mitarbeiter zu motivieren. Viele untergeordnete Dienstleistungen, und leider auch oft mißmutige Gäste machen den Job unattraktiv.

Früher... ja, da war ein Page ein junger Mann aus dem unteren Adel, der beim Fürsten in schönem Gewand dekoratives Beiwerk zum repräsentativen Rahmen zu sein hatte und der weit oberhalb der Bediensteten stand. An diese Herkunft seines Jobs erinnert heute den jungen Menschen in der kurzärmeligen Uniform mit Pill-Box-Mütze und Kinnriemen herzlich wenig.

Die Profis raten:
Wunscherfüllung an der Loge

Zunächst raten wir Ihnen, die erste Gelegenheit wahrzunehmen, die sich bietet, um mit dem Portier in ein kleines Gespräch zu kommen. Gehen Sie ruhig davon aus, daß er schon weiß, welches Zimmer Sie haben, wie lange

Sie bleiben und ob Sie schon einmal im Hause gewohnt haben. Fragen Sie ihn etwas, das ihm zeigt, daß Sie ein prospektiver Stammgast sind. Und geben Sie ihm später, wenn Sie durch die Halle gehen, Blickkontakt. Wenn er Sie mit einem Lächeln grüßt, quer durch Raum, dann haben Sie gewonnen.

> Die Sympathie des Portiers sichert Ihnen einen reibungslosen Aufenthalt.

Fragen Sie den Portier alles, was Sie wissen wollen, ob er etwas klären, organisieren, beschaffen kann, was immer es sei. Er wird sich bemühen und Ihnen offen sagen, wie die Chancen sind, daß das klappt. Sie werden sich wundern, was alles möglich ist.

> Die Portiersloge ist eine Wunscherfüllungs-Zentrale

In keinem Dienstleistungs-Unternehmen kann immer alles klappen. Der Portier aber weiß, wo in seinem Hause Schwachstellen sind und wie die zu umgehen sind, welche Probleme aktuell gerade zu bewältigen sind, und wie der Gast trotzdem zu dem kommt, was er möchte. Er kennt den Betrieb von innen, kennt die erfahrenen Mitarbeiter und kann sagen, an wen der Gast sich wenden sollte. Das geht schneller, einfacher und ohne Aufregung. Besser als wenn der Gast sich auf eigene Faust irgendwo durchsetzen will.

> Bei hotelinternen Problemen den Portier fragen, ob er weiß, wie es besser geht.

Wann und wie Sie den Portier tippen, können Sie in jedem Individualfall selbst kalkulieren: Was hätte es Sie gekostet, in DM, wenn Sie das Problem selbst gelöst hätten? Welche Kosten hat er Ihnen erspart. 50 DM? Geben Sie ihm 10 DM, nicht darunter. Waren es 1000 DM? Geben Sie ihm 50 DM. Sie können davon ausgehen, daß er weiß, was es Sie gekostet hätte. Und denken Sie daran, daß er wirklich mit persönlichem Aufwand in Beziehungen investiert hat, die Sie nun nutzen können. Als Schaltstelle für interne Selbstverständlichkeiten erwartet er kein Trinkgeld. Übrigens, ein richtiges Zuviel, ein sattes Over-tipping, macht gar keinen guten Eindruck. Da erreichen Sie mit einem persönlichen Wort gegebenenfalls mehr.

> Geben Sie dem Portier 3 bis 5 Prozent von dem, was die Lösung des Problems Sie selbst gekostet hätte, aber nicht unter 10 DM.

Denken Sie immer daran, daß Sie während Ihres Aufenthaltes plötzlich in irgendeine, jetzt noch nicht vorhersehbare Schwierigkeit kommen könnten. Und dann brauchen Sie hier einen versierten Trouble-shooter. Sie finden im ganzen Hotel niemanden, der Ihnen so vielseitig helfen kann. Und wenn nicht jetzt, dann vielleicht beim nächsten Aufenthalt. Portiers haben ein unheimlich gutes Gedächtnis. Sie erinnern sich auch an kleine menschliche Freundlichkeiten. Wir warnen: auch an das Gegenteil!

> Hatten Sie guten Kontakt, verabschieden Sie sich beim Portier, wenn Sie abreisen, mit Dank und Handschlag!

Kapitel 9
Die Abreise

Die Bemühung des Gastes um
eine differenzierte Bewertung darf ein Hotel erwarten.
Das ist gerechter Lohn für viel oder weniger
Eifer um sein Wohlbefinden.
Grobe Raster erzeugen pauschale Urteile.

Aus meiner Sicht:
Möglichst schnell zum treuen Stammgast

Es gibt so viele Hotels. Bei der Erstbereisung eines Ortes geht es los: In welches Hotel gehe ich? Meistens stehen mir sechs Häuser zur Auswahl:

Da sind, erstens und zweitens, zunächst die beiden bekannten, miteinander rivalisierenden Spitzenhäuser am Ort. Vorteil: ähnlich hohe Leistung. Nachteil: ähnlich hohe Preise. Doch welches von beiden für mich die bessere Wahl ist? Wer will das entscheiden? Eine der vielen Ranglisten? Also, mich verwirren sie mehr, als sie mir helfen.

Die eine Rangreihe ist aus der Befragung von den Lesern einer einzigen Zeitschrift hervorgegangen. Wie viele Befragte geantwortet haben, erfährt man nicht. Und die Leser des Konkurrenztitels, gar in der Mehrzahl und auch wichtig, weil ich zu denen gehöre, kamen dabei nicht zu Wort.

Bei einer anderen Hotel-Hit-Rangreihe geht es ausschließlich um City-Hotels. Jene Liste der Besten Zwölf prüft nur Häuser, die japanische Börsenmakler bevorzugen. Eine andere Befragung wandte sich ausschließlich an weltweit jettende Ständigflieger, die garantiert nicht gerade die Stadt frequentieren, in die ich reisen muß.

Offenbar sollte man sowieso nur in Südostasien absteigen, wenn man Ansprüche hat. Aber was soll ich mit all diesen interessanten Rangreihen-Ergebnissen anfangen, wenn ich in Deutschland bleibe? Also suche ich weiter.

Es gibt in der weiteren Umgebung meines Ziels drittens das Hotel, das ich kenne, in dem ich gar schon war. Damals, mit meiner Frau. Es war ein herrlicher Urlaub. Aber das ist auch schon ein paar Jahre her. Und ob das nun das richtige Haus ist, um mein Gespräch mit Herrn Vorstand Hansen über das Millionenprojekt zu führen? Ich weiß nicht recht.

Das vierte Haus hat mir mein Internist empfohlen, weil er dort so einen tollen Aufenthalt bei dem Ärzte-Kongreß hatte. Das war alles fabelhaft organisiert, er weiß allerdings nicht mehr von wem. Aber es sollen 120 Kollegen dagewesen sein.

Nicht genug damit: Gehört habe ich noch, fünftens und sechstens, von weiteren zwei Häusern am gleichen Ort. Von einem ganz kleinen, unbekannten, aber reizenden Haus, am Rande der Stadt. Und von dem ganz neuen, das da aufgemacht hat. Es gehöre zu einem der großen Hotel-Konzerne und hätte ein richtiges Urwald-Schwimmbad für seine Gäste eingebaut.

So, was nun? Würfeln, Nummer eins bis sechs? Nein! Ich analysiere einmal kurz und systematisch, was mir für diese Reise am wichtigsten ist:

Sehr entscheidend ist für mich die Klasse und die damit verbundenen Eigenschaften und Ausstattungen des Hotels. Weiterhin wichtig ist mir die Lage des Hotels. Je nachdem, was ich in der Stadt vorhabe: nahe an der Oper im Zentrum, oder bei dem Büro eines Kunden, oder bei meinen Freunden außerhalb der Stadt. Ich prüfe auch einige Funktionskriterien, je nachdem, ob die Reise geschäftlich oder privat ist.

Erst danach suche ich in den Führern, Stadtplänen, Verzeichnissen und anderen Unterlagen nach den faktischen Leistungsdetails, die dazu passen. Dann wird sich eines schon herauskristallisieren. Aufgrund meiner eigenen Rangreihe, leider nützt sie niemand anderem. Und dann fahre ich dahin.

Stimmt das dort alles, so generell und im Prinzip, stelle ich mich darauf ein, daß ich Stammgast werden könnte, falls ich häufiger in den Ort muß. Dann versuche ich, in dem Hotel deutlich zu machen, was ich wie haben will, lerne das Personal kennen, bemühe mich darum, daß sie mich auch kennen und daß sie mich auch wiedererkennen.

Wer immer neue Hotels ausprobiert, für den fängt alles immer wieder von vorne an. In der Regel unvermeidliche Auseinandersetzungen mit anfangs unbekanntem Personal sind auf Dauer ermüdend und der Mühe nicht wert. Schließlich bezahlt man ja. Wer vom Hotel ein Honorar für Analyse und Verbesserungsvorschläge bekommt oder gar als anonymer Supervisor einer Hotelkette angestellt ist, o.k., für den ist das Business. Aber so, als einfacher Gast?

Fehler passieren überall mal. Und wenn die Führung mit der Mannschaft offenbar mit einigem Erfolg versucht, in die Richtung zu arbeiten, die meinen Intentionen als Gast entspricht, dann werde ich dort wieder buchen. Von Mal zu Mal wird es alles leichter gehen. Und eines Tages ist die Fehlerquote dieses Hotels viel geringer als die große Menge der Kleinigkeiten, die mir in diesem Hause Freude machen.

Deshalb bin ich ein treuer Stammgast.

So kann's laufen:
Ein Ende ohne Schrecken

Als er aufwachte, war seine Frau schon wach und im Bad. Ein Blick auf die Uhr sagte ihm, daß es noch keinen Grund zur Hetze gab. Der Flieger ging erst in zwei Stunden.

Doch da fiel ihm ein, daß sie ja nicht, wie sonst oft, nur einen Inlandshüpfer machten, sondern es ging ja ins Ausland. Deshalb mußten sie früher am Airport sein.

„Elfiiih!! Wir müssen uns beeilen! Wir haben nur noch wenig Zeit. Packst Du schon mal die Koffer? Ich muß telefonieren."

‹Hätte ich doch nur gestern schon darüber nachgedacht! Aber der Abend war so nett und so schön. Es ist so selten geworden, daß ich mit Elfi einen richtig harmonischen Abend habe. Aber jetzt rächt sich das!›

Er springt im Pyjama an den Schreibtisch, da liegt all sein Kram, auch sein Terminplaner. Er wählt:

„Hallo, Portier? Hier Prentenheim! Ich bin in Zeitnot geraten, wir fliegen heute vormittag nach London. Wie lange braucht ein Taxi von hier zum Flughafen? Was??? Du liebes bißchen! Ja, danke, nein, noch nicht."

‹Zum Frühstücken unten mit Buffet haben wir gar keine Zeit mehr. Ich bestelle jetzt etwas auf's Zimmer, da können wir so nebenher…›

„Room-Service? Ja, hier Zimmer 136: Wir brauchen Frühstück, geht das schnell? Ich weiß, den habe ich vergessen, gestern abend an die Tür zu hängen. Also, Moment… Elfiiih, willst Du Tee?… Ja, einmal Tee… Es ist egal, welcher! Nein, nichts sonst, wir haben's eilig, danke!"

Inzwischen war Frau Prentenheim schon halb mit dem Packen fertig. Sie hatte Routine darin. Herr Prentenheim war angezogen und sagte:

„Ich gehe schon mal runter, bezahlen, komme dann wieder 'rauf!"

Weg war er. Gleich darauf klopfte es. An der Tür stand der Etagenkellner mit einem großen gedeckten Tisch. Wünschte freundlich einen guten Morgen und klappte die Seiten hoch, ordnete alles schön für zwei Personen und verschwand wieder. Keine fünf Minuten, nachdem er beziehungsweise der sogenannte Ordertaker die Bestellung aufgenommen hatte. Frau Prentenheim machte sich Sorgen:

‹Was jetzt? Wenn ihr Mann morgens nicht frühstückt, ist er den ganzen Tag nicht zu gebrauchen! Ich rufe beim Portier an, ob der ihm Bescheid sagt.›

Tatsächlich richtete dieser dem Herrn Prentenheim den Anruf seiner Frau aus. Gerade als er an der Portiersloge vorbeisausen wollte, aber feststellte, daß vor der Kasse schon fünf andere Gäste standen, die auch bezahlen wollten. Also drehte er um, fuhr wieder hoch zu seinem Zimmer.

„Setz Dich doch, für einen Moment. Du mußt Dich doch nicht so hetzen, oder?"

Er setzte sich tatsächlich und stellte fest, daß da ein großes Glas frisch gepreßter Karottensaft stand. Den hatte er seit vier Tagen jeden Morgen bestellt und vorhin in der Eile natürlich vergessen.

‹Donnerwetter! Das ist aber aufmerksam!›

Da klopfte es schon wieder. Ein Hausdiener stand da und sagte:

„Guten Morgen! Kann ich das Gepäck schon holen? Der Portier sagte, Sie hätten es eilig. Er hat auch schon ein Taxi bestellt, aber es genügt, wenn Sie in zehn Minuten unten sind!"

„Bleib sitzen!" sagte sie und machte die zwei Koffer zu. Dann klingelte das Telefon:

„Was für ein Tagesanfang!… Ja, hier Zimmer 136? Ja, die Koffer sind schon weg. Ja. Aha! Ja, aber woher …? Ach so! Fabelhaft! Herzlichen Dank!"

Er setzte sich wieder und fing an, sich ein frisches Brötchen mit Butter zu schmieren. Sie staunte:

„Wer war das?"

„Das war der Portier. Der hat am Flughafen angerufen und festgestellt, daß unsere Maschine 45 Minuten Verspätung hat. Er hatte mitbekommen, daß wir nach London fliegen und auch schon hier die Kasse informiert, daß wir die Rechnung nach Hause geschickt bekommen! Damit wir uns nicht so hetzen müssen."

Das Paar steht auf, geht. Er bedankt sich im Vorübergehen bei dem Portier und drückt ihm einen Zwanzig-Mark-Schein in die Hand, geht hinaus. Der Wagenmeister und der Hausdiener zeigen ihm draußen den offenen Kofferraum des Taxis, ob auch alle Gepäckstücke drin sind. Er gibt dem Hausdiener einen Fünfer, dem Wagenmeister hatte er schon in den letzten Tagen gut gegeben, beläßt es bei einem „Danke!" und steigt zu seiner Frau ein. Der Wagenmeister sagt zu dem Taxifahrer:

„Zum Flughafen!"

Und ab geht's. Am Flughafen geht alles seinen üblichen Weg. Eingecheckt, das Gepäck ist aufgegeben. Die Bordkarten in der Hand haben die Prentenheims noch eine satte Viertelstunde Zeit und sehen sich um. Da taucht ein Page auf. Von ihrem Hotel:

„Herr Prentenheim? Ist das Ihr Terminplaner? Den hat der Zimmerkellner gefunden, und ich mußte sowieso gerade jetzt Besorgungen hier am Flughafen machen. Da hat mir der Portier das mitgegeben. Vielleicht würde ich Sie zufällig sehen. An den grünen Lodenmänteln habe ich Sie erkannt. Sonst hätte er ihn Ihnen nachgeschickt."

Der Gast nimmt das Büchlein entgegen, sagt danke. Und bevor er es noch richtig fassen kann, vor Schrecken und Freude, ist der Page weg im Gewühl.

„Elfi, das ist wirklich ein hervorragendes Hotel, nicht wahr! Da werden wir jetzt immer hingehen, wenn wir hier sind!"

Hinter den Kulissen:
Was bleibt, ist Brei

Der Aufenthalt im Hotel ist eigentlich beendet, wenn man an der Kasse bezahlt hat. Aber nur eigentlich. Denn viele Häuser haben in dem Sinne gar keine Kasse mehr. Bei der Abreise Bargeld, Scheck oder Credit Card präsentieren, das zeigt eigentlich, daß dieses Haus vor einer gewaltigen organisatorischen Umstellung steht.

Modernere Häuser haben View-billing. Aber was ist das?

Beim Einchecken legt der Gast seine Kreditkarte vor und unterschreibt den Abdruck ohne Summe im voraus. Direkt vor der Abreise drückt er in seinem Zimmer mit der Fernbedienung seines TV-Geräts einen bestimmten Kanal, sein Name erscheint, und er geht per Knopfdruck sämtliche Positionen durch, die das Haus auf ihn gebucht hat. Das hat er während seines Aufenthalts jeden Tag einmal gemacht. Speziell nach dem Kollegentreff in der Hotelbar, daran hatte er keine Erinnerung mehr, aber die Rechnung unterschrieben. Die TV-Set-Prüfung ist praktisch, denn man kann gegebenenfalls gleich mit der Buchhaltung einzelne Positionen klären. Wenn nun, kurz bevor er endgültig sein Zimmer verläßt, alle Summen o.k. sind, meldet er sich telefonisch ab und läßt damit das Telefon sperren, das Zimmer für die Hausdame freigeben, die Rechnung für die Nachsendung und die Kreditkartenabrechnung ausdrucken. Und dann?

Dann bestellt er vielleicht noch den Hausdiener für sein Gepäck. Ist's nur ein Köfferchen, nimmt er es, steigt in den Fahrstuhl, geht durch die Halle und verschwindet auf der Straße. Weg ist er.

Er, um den sich dieser Riesenapparat von Hotel gekümmert hat wie um ein rohes Ei, stündlich, ist weg, ohne ein „auf Wiedersehen, vielen Dank!" Schade. Aber er ist natürlich fixer heraus aus dem Hotel und drin in seinem Arbeitstag. Um diesen Effekt, und um die dadurch natürlich auch verbundenen internen Rationalisierungsmöglichkeiten, bemühen sich verschiedene Checkout-Systeme.

Doch weniger technische Perfektion ermöglicht noch die persönliche Verabschiedung durch den Direktor. Der fragt dann auch noch, ob es alles in Ordnung war. Eine Abschlußfrage, aufschlußreicher für das Hotel als alle ausgelegten Fragebogen. Aber das geht halt ab einer gewissen Größenordnung nicht mehr. Und wer das als Gast gerne doch so will, der muß eben in eines der kleineren Hotels gehen. Die gibt es ja auch noch.

Und dann kommt eigentlich nichts mehr. Alles ist gelaufen. Das Ergebnis steckt im Kopf des Gastes. Ein Brei von Fakten, Emotionen, Erlebnissen, Umständen, Stimmungen. Alles addiert sich zu dem Pauschalurteil, was dann in drei Wochen zu der Anweisung an die Sekretärin führt, wieder dort ein Zimmer zu buchen. Oder eben nicht.

Für einen Menschen, der als Gast in der Fremde gerne ein ihm gemäßes Zweit-Zuhause haben möchte, ist das eigentlich wenig eigene Bemühung um eine gerechte Beurteilung des Hotels. Zu wenig auch vom Gastgeber, wenn man den Hotelier, der ja Geld dafür nimmt, so nennen darf.

Es wäre schon gut, wenn dem Gast aktiv geholfen würde zu erkennen, was er tun muß, um Stammgast zu werden. Damit lösen sich viele Probleme für ihn. Und für den Hotelier auch. Manche Häuser gehen inzwischen den Weg der Fluglinien und haben so etwas wie eine Frequent Traveller Card. Dieses Erkennungszeichen begleitet den Gast im Hotel von der Buchung bis zur Abreise. In Zweifelsfällen läuft dann während des Aufenthalts in dem Hotel vieles besser und zu seinen Gunsten.

Der Gastgeber will ja keine Dankbarkeit vom Gast, schließlich wird er bezahlt für seine Leistung. Aber auf etwas detailliertere Gerechtigkeit hat er Anspruch.

Die Profis raten:
Stille Dulder schreiben nicht

Wenn man am Morgen im Hotel seine Koffer packen muß, zum Frühstücken geht, zu seiner Besprechung eilt, dann zum Flughafen hetzt und immer so weiter, dann sollte man sich eigentlich eine kleine Checkliste machen, damit man auch nichts vergißt. In die passen auch die ganz persönlichen und stets wiederkehrenden Schwächen hinein: den eigenen Bademantel im Bad hängen lassen, die Lesebrille auf dem Nachttisch vergessen oder den Regenmantel im Schrank übersehen.

> Ein konzentrierter Rundgang durch alle Räume, Schübe und Fächer erspart oft viel späteren Ärger!

*

Es ist gar nicht zu glauben, was sich im Fundbüro eines Hotels alles ansammelt und dort liegenbleibt! Abgereist, aus den Augen, aus dem Sinn? Warum fragen so wenige Gäste einmal nach, ob nicht im Hotel gefunden wurde, was sie vermissen. Ein solides Haus hat keinen Müllschlucker für

Fundsachen oder Angestellte, die abends mit einem Sack voll Gefundenem heimgehen. Aber die Regale füllen sich im Fundbüro, das übrigens in die Zuständigkeit der Hausdame fällt: nicht nur mit Pyjamas, Rasierern und Schirmen, auch Fotoalben, Schmuck, und sogar von einem Gebiß wird erzählt.

> Fragen Sie nach den Sachen, die Sie vermissen, telefonisch bei der Hausdame nach!

*

Man kann natürlich vor der endgültigen Abreise die Erfahrung des Portiers nutzen, um viel Vergessenes noch in die Wege zu leiten: Den Rückflug bestätigen, das Mitbringsel besorgen, den Tip für den Etagenkellner, der heute noch bis zum frühen Morgen die Party auf der Suite versorgt hat, und die Fax-Nachricht für das Büro, daß man erst morgen wieder ins Büro kommt...

> Dem Portier sagen, was das Hotel noch kurz vor der Abreise erledigen könnte!

*

Nehmen wir an, es hat sich wegen der Größe des Hauses niemand von Ihnen persönlich verabschiedet, und Sie können sich trotzdem vorstellen, daß Sie sich in diesem Hotel bei häufigerem Aufenthalt wohlfühlen könnten. Dann raffen Sie sich auf und schreiben ein paar Zeilen an den Hotelchef. Es genügen ja Stichworte. Schreiben Sie, was Ihnen besonders gefallen hat und was Ihnen nicht gefallen hat. Nennen Sie ruhig Personalnamen, Jobs und Daten. Sie werden überrascht sein, mit welcher Dankbarkeit der Antwortbrief an Sie geschrieben wird. Ein Hotel wird nur gut durch die Gäste mit angemessenen Ansprüchen. Nicht durch die stillen Dulder, sondern durch die Gutmeinenden, die wissen, worum es geht, und das auch sagen oder schreiben.

> Bekommen Sie keinen Antwortbrief, vergessen Sie den Laden!

Kapitel 10
Der Generaldirektor

Kein Gast verbreitet gute Gefühle,
wenn er sich als Freund des Chefs einführt.
Gute Chefs sind selten populär beim Personal.
Echte Notfälle sind Chefsache, doch
für die Jobs sind andere vor-verantwortlich.

Aus meiner Sicht:
Der Wirtsblick, ein Berufsleiden

Den Namen des Hotelchefs kannte ich schon früh. Er war weithin bekannt. Ein Traditionsname in seiner Branche. Ich wußte auch, wie er aussah, aus der Zeitung. Mit fast allen bekannten Persönlichkeiten, die in meiner Heimatstadt weilten, ist er abgelichtet worden. Dunkler Zweireiher, weißes Hemd, gedeckte Krawatte. Ein jüngerer, aber sehr seriöser Herr, händeschüttelnd, lächelnd. Der Gastgeber begrüßt seinen Gast.

Als wir uns kennenlernten, stellte ich fest, daß er viel netter war als auf den Fotos. Das lag daran, daß er sich nett unterhalten konnte. Nicht, daß er schmeichelte, aber es tat einem gut, was er sagte. Doch bald merkte ich bei einem Gespräch: Er hatte den Wirtsblick – eine Berufskrankheit.

Sie äußert sich bei Unterhaltungen, und zwar dadurch, daß der Blick sich aus dem festen Augenkontakt löst. Erst etwas nur, aber deutlich, sieht er seitlich an dem Kopf seines Gegenüber vorbei. Dann noch weiter, der Kopf dreht sich, und dann fixiert sich der Blick auf etwas in der Ferne. Während dessen läuft das Gespräch jedoch erstaunlich konzentriert weiter. Er spricht, hört zu, aber er sieht etwas anderes.

Ich folgte damals seinem Blick und sah, daß er zu einem Tisch hin sah, dessen Gäste gerade weggegangen waren, auf dem aber noch das Geschirr und die Gläser standen. Ich verstand: Er vermißte den Commis, der den Tisch abräumte.

Später habe ich diesen etwas unsteten, irrenden Blick immer wieder gesehen. Mehr oder weniger kaschiert suchen die Augen nach einer der tausend Möglichkeiten, daß irgendwer irgendwas irgendwo übersehen hat, daß etwas hätte da, weg oder sonstwo sein sollen. Die Augen eines engagierten Gastronomen haben sich zu einer Art Überwachungsoptik gewandelt, die automatisch alles Fehlerhafte registriert.

Und weil er als Boß weiß, daß er auf alles achten muß, immer und überall, und daß gerade dann, wenn er sich unterhält, neben ihm die tollsten Dinger passieren können, nicht müssen, aber können – das führt zu diesem Blick. Ganz schlimme Fälle leiden auch schon an einer speziellen Körperhaltung, angespannt, als müsse er sofort durchstarten, eingreifen, korrigieren.

Wir kennen uns inzwischen viele Jahre. Es ist viel besser geworden. Ich weiß auch, seit wann. Er hatte mir gesagt, er wolle mehr delegieren. Er hätte eingesehen, daß er nicht alles selber machen kann und einen Assistenten eingestellt. Ich fürchte nur, es war zu spät.

Damals wurde er geschieden. Das ist auch ein häufiges Leiden dieses Berufsstandes. Welche Frau kann auf Dauer einem Mann mit dem Wirtsblick genügen?

So kann's laufen:
Vier Probleme delegiert der Chef

Die Dame, die an der Rezeption stand, war ziemlich wortkarg. Sie nannte ihren Namen, füllte ihren Zettel aus, nahm schweigend ihren Schlüssel, sagte „danke!" und verschwand in Richtung Fahrstühle.

‹War ich jetzt unhöflich? Aber ich habe es mir vorgenommen: Zurückhaltung! Ich will hier nicht auffallen! Ich will mich nicht auseinandersetzen! Und möglichst keine Sonderansprüche stellen.›

Obwohl: Sie hatte von einem ihrer Bekannten eine Empfehlung. Persönlich, für den Generaldirektor, Herrn Schaper. Aber gerade deswegen. Es war ihr peinlich, sich hervorzutun. Sehr oft mußte sie bisher ohne Ihren Mann nicht reisen. Doch von seinen Bemerkungen über Hotels wußte sie, daß auf eine alleinreisende Frau alle ganz besonders kritisch achten. Personal und Gäste. Überall.

Im Zimmer kam sie mit dem Fernseher nicht zurecht. Sie zuckte die Achseln:

‹Frauen und Technik? Dummes Klischee! Diese Fernbedienung funktionierte einfach nicht. Was soll's, ich sehe ja um diese Zeit sonst auch nie fern. Aber gerade deshalb ... im Urlaub ... Na ja ... Eigentlich sollte ich das dem Herrn Schaper sagen, gelegentlich!›

Als sie in das Hotelrestaurant kam, machte der Maître einen tiefen Diener, zu tief fand sie, und begleitete sie an einen Tisch im großen Raum.

„Ich hatte aber vorbestellt und gebeten, daß ich in der Zirbelstube sitzen möchte. Das hat man auch angenommen!"

„Oh, gnädige Frau, daß tut mir außerordentlich leid! Aber die ist reserviert, geschlossene Gesellschaft. Leider! Vielleicht, wenn Sie hier..."

‹Ich glaube einfach nicht, daß die Zirbelstube reserviert ist. Die ist zu, weil so wenig Gäste da sind. Da wollen sie hier im Saal alles näher beieinander haben. Wenn die wüßten, daß ich Herrn Schaper kenne... Ich werde ihm das mal stecken, gelegentlich!›

Am Nachmittag klingelt das Telefon im Zimmer.

„Ja? Ach Lisbeth, wie schön daß Du da bist! Du bist schon in der Halle? Ich komme gleich runter. Ich bestelle ein Taxi, und dann zischen wir los, ich freue mich schon!"

Sie ruft den Portier an und bittet um ein Taxi.

„Ja, jetzt gleich. Das geht? Wunderbar, ich komme herunter!"

Die beiden Damen stehen draußen, im Eingang des Hotels. Der Doorman meint, Taxis kämen alle Augenblicke vorbei, nur im Moment nicht. Sie unterhalten sich und warten. Sie warten lange. Schließlich stellt sich heraus: Ein Page hatte über einen anderen Auftrag vergessen, für die Damen ein Taxi zu bestellen.

‹Also wirklich, das geht nicht! Wenn ich jetzt dem Herrn Generaldirektor Schaper begegne! Dann...›

Nach dem Einkaufen geht die Dame zum Frisör. Zu dem, der nicht nur von der Straße, sondern auch innen vom Hotel aus einen Eingang hat.

„Guten Tag! Ich möchte einmal ‚Waschen und Legen', bitte!"

„Wann wollen Sie kommen, gnädige Frau? Jetzt? Nein, das geht leider nicht, wir sind bis nach 19 Uhr schon völlig ausgebucht. Tut mir leid. Ja, auch wenn Sie im Hotel wohnen. Leider, nur mit Voranmeldung, im Moment jedenfalls. Es ist Messe, wissen Sie!"

So, nun reicht's ihr! Sie nimmt das alles nicht als frauenfeindliches Verhalten, dafür ist sie zu selbstbewußt. Aber in diesem Hotel geht alles schief! Nun ist es ihr egal, jetzt muß es raus! Zum Portier:

„Wo ist der Herr Schaper? Nicht da? Man merkt's! Wer? Stellvertretender Direktor? Nun gut, bitte!"

Zehn Minuten später, in der Halle, bei einem Glas Champagner auf Kosten des Hauses, hat der wohlerzogene junge stellvertretende Direktor sich für das Haus entschuldigt und erklärt:

Erstens der Fernseher: Der ist in zehn Minuten klar, bestimmt nur die Batterie. Ein Gast merkt es halt leider als erster, wer sonst? Ein technischer Fehler. Das veranlaßt der Abteilungschef Technische Dienste sofort, wenn er es weiß.

Zweitens die Reservierung: Das mit der Zirbelstube wurde von einem Kellner sicher nur als Wunsch verstanden, nicht als ein Muß. Ein Mißverständnis, er wird den Chef de Service ansprechen.

Drittens das Taxi: Eine klare Fehlleistung des Pagen, für die dessen Chef, der Chefportier, einen Rüffel bekommen und an den Pagen weitergeben wird.

Tja, und viertens der Frisör: Auf den haben sie vom Hotel aus leider nur sehr begrenzten Einfluß. Das ist ein eigener Unternehmer, der tut was er kann. Aber zwingen, nein, das kann man ihn nicht: Da sind die Erwartungen der Gäste leider oft zu hoch.

„Und wo ist nun Herr Schaper? Der ist doch wohl als Generaldirektor für das alles verantwortlich?!"

„Ja, das ist er, für alles! Aber deshalb kümmere ich mich besonders um solche Sachen wie diese für ihn: Technik, Mißverständnisse, Fehlleistungen, falsche Erwartungen. Das ist mein Job. Sehen Sie: Ich weiß, er sitzt jetzt in einem schwierigen Meeting mit unserem Anwalt, der Bank und dem Müllreferenten der Stadt zusammen. Ein neuer Platz für neue Container muß irgendwo... Oh je! Da sehe ich, da kommen ja schon die Wagen mit dem Außenminister aus ... Da muß ich jetzt ganz schnell... Entschuldigen Sie bitte, gnädige Frau... Ach, da ist Herr Schaper ja schon an der Tür, beim Bürgermeister, für die Begrüßung. Gut, dann habe ich weiter Zeit für Sie! Darf ich Ihnen noch ein Gläschen Champagner...?"

Abends im Restaurant kommt Herr Schaper zu der Dame an ihren Tisch in der Zirbelstube, begrüßt sie, bittet um Verständnis für die Vorkommnisse. Und dann, um 22 Uhr, findet sie auf ihrem Zimmer einen eleganten Blumenstrauß mit einer Visitenkarte und handgeschrieben:

„Ich hoffe sehr, daß wir nun alles richtig machen werden! Einen angenehmen weiteren Aufenthalt wünscht Ihnen Ihr

Schaper, Generaldirektor."

Hinter den Kulissen:
Kalte Suppen und das Betriebsklima

Generaldirektor oder kurz: GD. Wer sich so nennen darf, ist ganz oben. Aber auch schon eine Hierarchiestufe darunter, als Hoteldirektor, ist man in der Gastronomie oben angelangt. Das geht nicht schneller als in anderen kaufmännischen Bereichen. Ein Beispiel:

Mit 15 Jahren beginnt eine dreijährige Restaurantausbildung, über einige europäische Auslandsaufenthalte vom Commis zum Chef de Rang, je zwei Jahre noch Wanderjahre, dann Theorie in der Hotelfachschule, vier Jahre Empfangschef. Dann, mit 29 Jahren, stellvertretender Direktor in einem deutschen Hotel. Fünf Jahre später dann Hoteldirektor in einem Haus einer internationalen Kette. Bis er dann in einem Spitzenhotel soweit ist, daß man es ihm veranwortlich überlassen kann, ist er halt auch über 40.

So ähnlich kann der Weg vom Piccolo zum Chef heutzutage aussehen. Es geht unter Umständen sogar schneller: Firmeneigene Programme werden angeboten, die dem Trainee nach acht Jahren eine Position als Hoteldirektor versprechen. In einem kleineren Haus, und natürlich nur dem, der das Programm packt.

Und das Gehalt dafür: Statistisch gesehen liegt es in Deutschland bei gut über 100.000 DM p.a., die Schwankungsbreite ist jedoch enorm. Abhängig sind die Differenzen von Bettenzahlen, Eigentümern, Bundesländern und Kategorien, aber auch von Umsatz- oder Gewinnbeteiligungen und von den sogenannten Douceurs, wie Firmenwagen, freiem Wohnen, uneingeschränktem Essen und Trinken sowie anderen Leistungen, wie etwa kostenlose Wäsche und Reinigung oder Telefonnutzung, in deren Genuß auch Familienangehörige kommen können.

Mehr als in anderen Branchen kommt es auf die vertragliche Fixierung der Konditionen an. Sicher ist dem Hoteldirektor nur eines: Er hat die volle Verantwortung für alles. Von der kalten Suppe bis zum Betriebsklima, vom Profit bis zum Blumenschmuck. In größeren Häusern steht er gerade für 50 bis 100 Millionen DM Umsatz.

Allein das Thema „Betriebsklima" ist hochproblematisch, je nachdem, in welchem Hotel er Direktor ist. Es gibt Häuser, die versuchen, die Verhält-

Kalte Suppen und das Betriebsklima

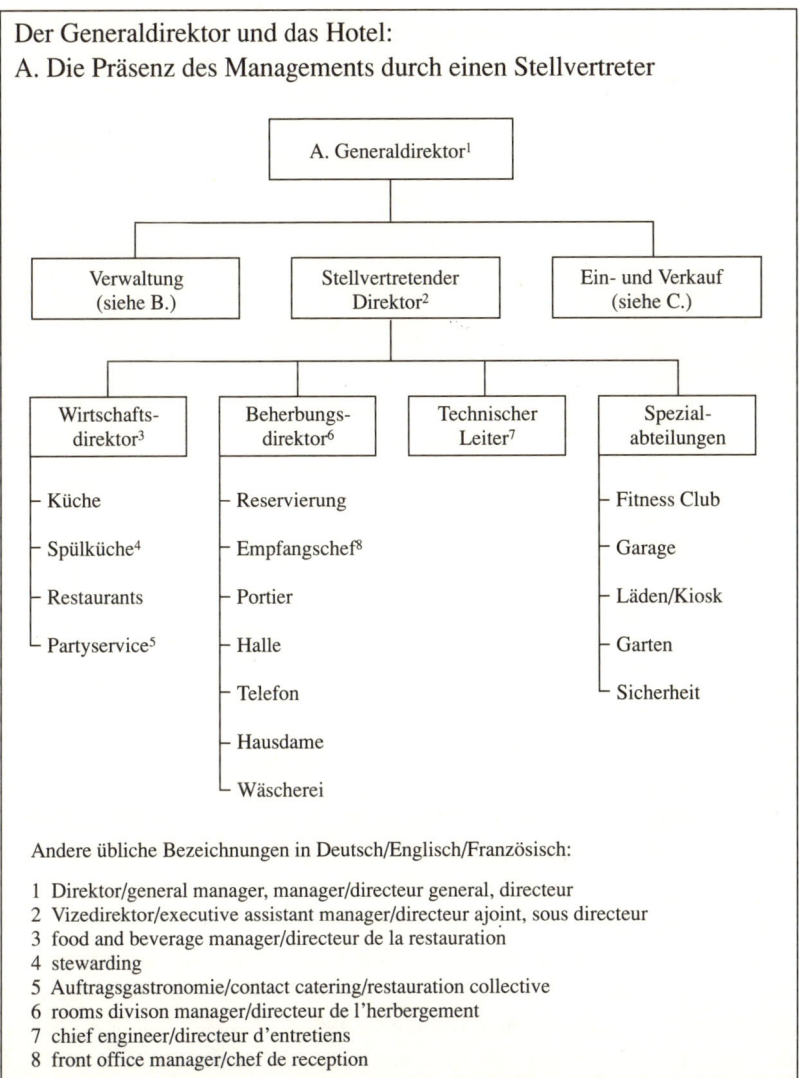

Der Generaldirektor und das Hotel:
A. Die Präsenz des Managements durch einen Stellvertreter

Andere übliche Bezeichnungen in Deutsch/Englisch/Französisch:

1. Direktor/general manager, manager/directeur general, directeur
2. Vizedirektor/executive assistant manager/directeur ajoint, sous directeur
3. food and beverage manager/directeur de la restauration
4. stewarding
5. Auftragsgastronomie/contact catering/restauration collective
6. rooms divison manager/directeur de l'herbergement
7. chief engineer/directeur d'entretiens
8. front office manager/chef de reception

nisse früherer Zeiten aufrechtzuerhalten, und darum nun besonders große Personalprobleme haben. Gäste spüren es, wenn Autokratie und Furcht herrschen. Andererseits gibt es auch Hotels, die durch modernste Methoden von Motivation, Ausbildung und Verantwortungsdelegation versuchen, sich einen guten Personalstamm aufzubauen. Aber Gäste sind auch nur ungern Sparringspartner für bemühten Nachwuchs.

Der Generaldirektor und das Hotel:
B. Planung und Kontrolle von Dienstleistungen und Produktion

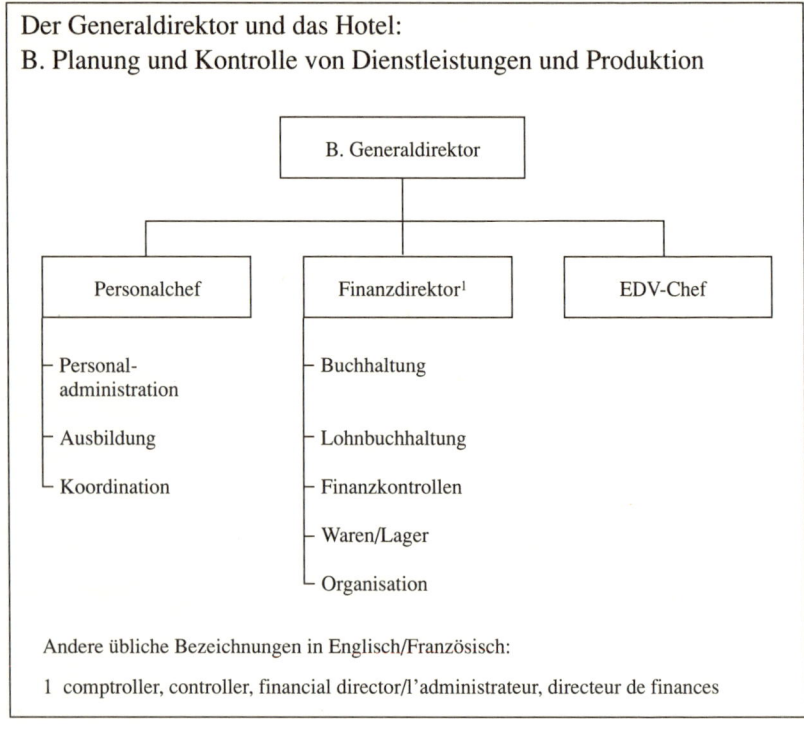

Andere übliche Bezeichnungen in Englisch/Französisch:
1 comptroller, controller, financial director/l'administrateur, directeur de finances

Die Ausbildungssituation ist hier in Deutschland in allen Dienstleistungsbereichen mehr als kritisch. Das wirkt sich in der Gastronomie besonders gravierend aus. Zwar mühen sich Hotelfachschulen um Grundausbildung, aber der Ruf dieser Institutionen variiert wie jener der Häuser, die diese jungen Leute einmal aufnehmen werden. Hotelketten und Konzerne organisieren darum eigene Methoden, um gut ausgebildete Leute heranzuziehen und dann auch in den eigenen Reihen zu halten. Das ist besonders schwer, da diese Branche selbst die Fluktuation als Erfahrungsbasis sehr hoch bewertet. Durch die Europäische Gemeinschaft werden diese Verhältnisse eher komplizierter. Denn eine Angleichung der Löhne im Gastgewerbe wendet sich gegen die derzeitigen personellen Rahmenbedingungen in Deutschland. Mögen die Reisenden auch mehr werden und manche Beschaffungskosten sinken. Wenn am Tag elf Stunden arbeitsfrei sein sollen und jeweils ein ganzer Wochentag, dann stimmt kein derzeitiger Arbeits- und Personalplan mehr.

Kalte Suppen und das Betriebsklima

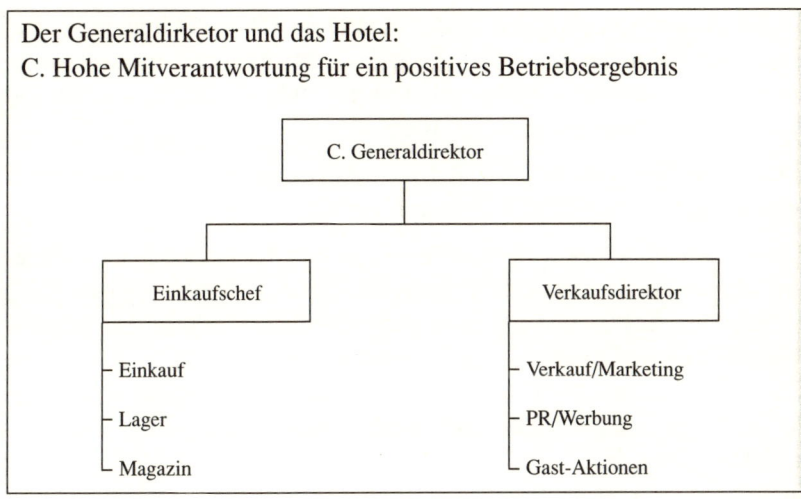

Der Generaldirketor und das Hotel:
C. Hohe Mitverantwortung für ein positives Betriebsergebnis

Die traditionellen Reibereien zwischen Schwarz, dem Service, und Weiß, der Küche, bleiben jedoch ganz sicher. Und derjenige Direktor, der keinen zum Ausgleich befähigten F & B-Manager hat, wird sich ständig mit dem Ärger abgeben müssen, der durch diese traditionelle gegenseitige Abneigung zweier Personalgruppen entsteht.

Da hilft es auch nichts, daß er für die anderen „am Gast" arbeitenden Damen und Herren eine corporate-identity-gerechte Berufskleidung hat entwerfen lassen. Kosten? Je Frau und Mann drei Ausstattungen ab 500 DM macht bei 100 Leuten mindestens 150.000 DM, den extra weiten Zylinder nach Maß für den übergroßen Doorman gar nicht mitgerechnet.

Die finanziellen Sorgen eines Hoteldirektors kreisen um immer wieder die gleichen Eck- und Durchschnittswerte. Hier als Beispiel Zahlen, die vor einiger Zeit über ein renommiertes Traditionshaus, das unter den zwölf umsatzstärksten Häusern Deutschlands rangierte, veröffentlicht wurden: 315 Zimmer, 603 Betten, Netto-Umsatz 46,9 Millionen DM, Steigerung zum Vorjahr + 3,1 Prozent, Anteile Beherbergung 56 Prozent, F&B 37 Prozent, Zimmerpreis erlöst 294 DM, Belegung 78,3 Prozent, Nettoumsatz je Zimmer 148.900 DM, Anzahl der Mitarbeiter 405, Nettoumsatz je Mitarbeiter 115.800 DM, Kosten pro Mitarbeiter 83.500 DM.

Es ist gleichgültig, ob der Eigentümer ein ambitionierter Einzelunternehmer ist, eine AG oder ein internationaler Konzern, oder ob der Betrieb gepachtet ist. Das kostet normalerweise rund 6 Prozent vom Wert der Immobilie. Der Direktor steht immer unter dem Zwang, die Erwartungen seiner Gäste so zu erfüllen, daß die Vorgaben für Profit-Abführung erfüllt werden und langfristiges Wachstum gesichert wird.

Das ist rasch gesagt, schwer getan. Und es unterscheidet sich überhaupt nicht von den beruflichen Sorgen seiner meisten Gäste.

Ebenso wie diese hat er notwendigerweise eine Hierarchie unter sich gestaffelt, die ihm, zumindest theoretisch, die Zeit läßt, die personellen, technischen, finanziellen und strategischen Probleme zu lösen. Das schließt eigentlich jeden Kontakt mit den Gästen aus. Kein Boß einer Bank steht dem Schalterkunden zur Verfügung. Trotzdem muß der Hoteldirektor natürlich an die Front, zum Begrüßen und Verabschieden. Die vielen prominenten Gäste erwarten das.

Und darin unterscheidet sich der Hoteldirektor eben von einem Bankdirektor wesentlich. Er muß neben kaufmännischer Sachlichkeit und personellem Geschick eine ausgeprägt extrovertierte Mentalität haben: „Herzlich Willkommen in unserem Hause, Herr Präsident! Ich freue mich, daß Sie wieder bei uns sind!" Das muß er wirklich so meinen! Sonst geht's nicht.

Es ist sein Job, durch Vorbild und Weitblick, Detailkenntnisse und Personalnähe die Strategie, Taktik und das Image seines Hauses in einem unbarmherzigen Markt zu bestimmen und am glaubwürdigsten offiziell nach außen zu vertreten.

Daß der überhaupt noch Zeit für einen Gast hat ...

Die Profis raten:
Für die letzte Instanz ein Lob

Grundsätzlich glauben wir, daß es nicht falsch ist, den Namen des Hotelchefs zu kennen. Er ist das Zentrum, ‚man' kennt ihn halt. Darum schadet es auch nichts, sich vom Portier oder Oberkellner gelegentlich auf ihn aufmerksam machen zu lassen. Dann wissen Sie halt auch, wer das ist, der da abends immer einmal freundlich grüßend durch das Restaurant geht.

> Merken Sie sich, wer der Chef des Hauses ist!

*

Gehen Sie davon aus, daß der Hotelchef mehr Gäste kennt, mehr über sie weiß und sich an mehr Details erinnert, als zu vermuten ist. Das ist nicht nur das jahrelange tägliche Training, sich Gesichter und Namen zu merken. Niemand weiß besser als er, wie wichtig den Menschen der eigene Name ist. Der Generaldirektor hat auch ein tägliches Meeting mit seinen wichtigsten Mitarbeitern, die ihm dabei viele Detail-Informationen geben. Aus diesen Mosaiksteinchen setzt sich der Boß das aktuelle Bild seines Betriebes zusammen. Es ist die Crux dieser Art von Geschäft, daß es aus einer Unzahl von Details besteht. Wer dafür keinen Sinn hat, wird kein Hotelchef.

> Setzen Sie voraus, daß der Chef sich um wirklich jedes Detail kümmert, bis an die Grenze des physisch Möglichen!

*

Wenn der Hotelboß nun versucht, soviel wie möglich zu steuern, dann muß er Fall-Prioritäten setzen. Von allem Wichtigen nur das Ärgerlichste, das Teuerste, das Erfreulichste. Und die prominentesten Gäste. Es ist erstaunlich, wie viele Prominente aus Wirtschaft, Politik und Show er kennt. Und die kennen ihn auch und wollen auch von ihm begrüßt werden. Da ist leicht ein halber Tag weg. Eigentlich ist er ja Manager und gehört hinter den Schreibtisch und an Besprechungstische. Die Rolle des Hausherrn und Gastgebers, die kommt noch dazu. Doch selbstverständlich ist er für jeden Gast da, der ihn sprechen will, denn er will es ja jedem recht machen.

> Wenn Sie eine echte Priorität für den Hotelchef haben, werden Sie aktiv. Er ist Ihnen gar dankbar dafür.

*

Der Generaldirektor eines bedeutenden Hotels ist an seinem Standort ein sehr wichtiger Mann. Er hat Kontakte zu allen bedeutenden Leuten der Stadt, zu deren Frauen, Freunden und Geschäftspartnern. Nicht nur, weil er ein gewichtiges Wirtschaftsunternehmen der Region leitet, sondern auch, weil er oft genug der Chef-Zeremonienmeister ist, wenn in der Stadt wichtige Leute Wichtiges zu begehen und seine Bankett-Abteilung beauftragt haben. Das schafft Nähe, Vertrauen und Verbindungen.

> Suchen Sie Rat und Hinweise beim Chef des Hotels für Ihre Projekte in seiner Stadt!

Der Oberarzt, der unter dem Chef-Chirurgen Sauerbruch arbeitete, soll in Einzelbereichen besser gewesen sein als sein Chef. Halten Sie sich an dieses Bild, wenn Sie Klagen in einem Hotel loswerden wollen. Der Chef macht ja nichts selbst, er delegiert an den verantwortlichen Fachmann. Mit dem sollte der Gast besser direkten Kontakt aufnehmen. Er arbeitet durchaus nicht besser, wenn sein Chef ihn dazu aufgefordert hat. Im Gegenteil! Von ihm kommen intern ständig irgendwelche Anordnungen und Rüffel. Der Gast selbst hat den viel längeren Hebelarm in der Hand.

> Klären Sie, wer verantwortlich ist, und beklagen Sie sich dort. Der Generaldirektor ist die letzte Instanz.

Der Chef ist trainiert: Dauerstreß, 16 Stunden Arbeitszeit, Finanz- und Personalprobleme, Marketingentscheidungen, Allgegenwärtigkeit und dabei eine aktive, ständig nach außen abstrahlende freundliche Gelassenheit gegenüber jedermann. Das ist sein Job. Aber viele von ihnen haben daneben keinen Raum gefunden für Privates, Hobbys, persönliche Freundschaften, gute Ehen. Diese Arbeit ist ihr Leben. Alles tun, um dem Gast ein bißchen mehr zu bieten, als er wirklich verlangen kann. Rund um die Uhr. Mehr Zeit ist nicht da. Aber, bitte kein Mitleid! Er hat es selbst so gewollt, und es macht ihm Freude. Doch er ist halt auch nur ein Mensch. Und eines kennt gerade er fast gar nicht: Lob.

> Wenn Sie einen wirklich guten Aufenthalt hatten: Schreiben Sie ein paar Zeilen an den Chef!

Kapitel 11
Der Gast, die Dame

Eine Dame, die allein eine Hotelbar oder ein Restaurant
besucht, sollte sich nicht fürchten.
Sie sollte üben, aber auf hohem Niveau.
Ein Mann allein im Damenmoden-Salon
ist sehr viel unsicherer.

Aus meiner Sicht:
Dummchen-Ecke und Männchen-Reflex

Ein Marketingproblem der Gastronomie mit sehr subjektiven Aspekten: Sind Frauen nun eine spezielle Zielgruppe oder nicht? Da wird es kritisch. Wer sagt, man müsse Frauen besonders ansprechen, ihnen etwas Spezielles bieten, der gerät in Schwierigkeiten.

Dem wird vorgehalten, er würde als Chauvi die Frauen in die Liebe-kleine-Frau-Ecke abdrängen. Der hätte das Damen-Programm auf der Liste, mit dem die Frauen weggeschickt werden. Die niedlichen und sozialen, dekorativen und oberflächlichen Sachen werden dafür ausgesucht. Damit die Herren in der Zwischenzeit sich ungestört um das Wesentliche kümmern.

Nein! So nicht, rufen sie: Wir wollen dabeisein. Eigentlich wollen wir das Wesentliche sogar selber machen. Umgekehrt, den Herren das Programm zum Herrengedeck: Bier mit Schnaps zu Fußball und Autos. Die Welt ist zu wichtig, um sie alten, eitlen Männern zu überlassen. Wir wollen in den Wettkampf eintreten, nicht unterdrückt, von vornherein beiseite gedrängt werden.

Soweit diese Seite. Das kann man nachvollziehen, auch als Mann, wenn Mann sich nicht ängstlich hinter Patriarchatsklischees verstecken muß. Aber! Ja, aber wie ist es denn mit den Frauen, die diese Meinung nicht teilen?

Sie wollen, daß Mann ihnen die Tür aufreißt und den Vortritt läßt, obwohl sie noch nicht dran sind, die Pakete trägt, den Platz anbietet und sie vor die Haustür fährt. Sie machen sich zurecht, heißt es. Sehr wirkungsvoll: Das Ziel dieser aufwendigen Bemühung ist die Auslösung des lähmenden Männchen-Reflexes, der sie selbst aller gleichberechtigter Anstrengungen eines Wettbewerbs entbindet.

Jawohl, fordern sie, wir wollen alles eher mit mehr Blumen, vielleicht in Rosa, etwas weicher. Und größere Spiegel, mit Licht. Mehr Platz im Schrank für Blusen, auf Bügeln, an der Kleiderstange. Schuhspanner für Pumps und einen verständlicher zu bedienenden Schrank-Safe für die Klunker.

Diese Frauen gibt es doch auch, oder? Sie sind sogar in der Mehrzahl – noch.

Doch am schwierigsten ist eine dritte Gruppe, die Mischform. Sie will beides. Im Kampf um das Taxi sich vorboxen, doch beim ersten Knuff, den sie dabei abbekommt, sich das verbitten, als Dame. Also von beiden Seiten das jeweils Vorteilhafte. Der ärgerliche Rest beibt bei den anderen, den Männern.

Ich glaube, man/frau kann sich einigen: Es gibt diese Gruppen von Frauen, alle drei und noch viele mehr. Nebenbei: Es gibt gewiß auch viele unterschiedliche Gruppen von Männern.

Um Männer im Hotel kümmert sich keiner besonders. Männer im Restaurant sind keine Sondergruppe. Reisende Frauen ohne Begleitung sind allerdings eine Gruppe, die relativ neu ist. So lange ist das doch noch gar nicht her: Die rauchende Frau war keine Dame, gewiß nicht in der Öffentlichkeit, und erst in einem Lokal! Eingeschliffene Vorurteile sind sehr zählebig. Die Frauen kommen viel schneller voran als die meisten Männer ihren Standpunkt verändern. Selbstbewußt, qualifiziert machen sie alle denkbaren Jobs. Genauso gut wie Männer, manchmal sogar besser, oft zwar anders, aber wohl gerade deshalb erfolgreicher. Und sie werden immer mehr. Ein Viertel der Geschäftsreisenden sind bereits Frauen.

Und was macht nun der Hotelier? Eine Etage nur für Damen? Ein Extra-Hotel nur für Frauen? Sind das erstrebenswerte Sonderleistungen oder das Gegenteil, eine Desavouierung durch ein Frauenghetto?

Was soll die Gastronomie denn nun tun? Gleich oder nicht gleich?

Ich denke, die berufstätigen erfolgreichen Frauen wollen gar keine Sonderbehandlung. Sie wollen behandelt werden, wie Männer auch. Unkompliziert, offen und selbstverständlich. Wenn es möglich ist, von männlichen Klischees verschont. Sie sind schon emanzipiert. Sie können sich auch wehren.

Aber es gibt ja auch noch andere Frauen im Hotel: Die junge Kosmetikerin, fleißig, engagiert, jetzt zur Verkaufsleiterin ernannt und hier noch ungeübt. Die verheiratete Dame, die immer mit ihrem Mann verreist ist, der ihr alles abgenommen hat, nun als ein Opfer seiner Termine hier alleingelassen. Die ältere Dame, deren Mutter ihr in den 30er Jahren noch das Zeremoniell der

Etikette beigebracht hat, wie es früher war und die heute das alles hier nicht verstehen kann. Die junge Tochter gutsituierter Eltern, jetzt Junior-Chefin deren Firma, verwöhnt und der Meinung, daß sich die Welt um ihre Launen dreht, die hier erstmals gegen unsichtbare Mauern rennt.

Sie alle sind etwas unsicher in einem noch ungewohnten Ambiente. Aber doch nicht, weil sie Frauen sind. Zu jeder dieser Damen gibt es eine maskuline Parallele.

Ach, lassen wir doch das Marketing beiseite. Mit „M" beginnt auch der Begriff Menschlichkeit. Die Gastronomie sollte diese Fragen nicht mit dem Architekten lösen, sondern ihr Personal auch danach auswählen, ob es das Herz auf dem rechten Fleck hat. Vielleicht gibt es solche Bewerber doch noch.

So kann's laufen:
Ohne Begleitung am Katzentisch

Die Dame stand auf einmal im Eingang des Restaurants. Ein sportlicher Typ, Anfang 40, zurückhaltend geschminkt. Dunkelblonde Haare, eine schlichte, lockere Frisur. Sie war unauffällig gekleidet, ein beiges Jackenkleid, nicht besonders modern, eher zeitlos elegant. Flache braune Troitteurs, über dem Arm ein heller Staubmantel.

Sie blieb stehen und sah in das Restaurant. Es war nicht voll, es gab freie Tische.

‹An welchem würde ich denn gerne sitzen? Vielleicht der am Fenster da? Oder … Aha, da ist der Restaurantchef! Sehr jung für den Job. Wohl eher ein Ober.›

„Guten Tag, gnädige Frau! Bitte sehr, werden Sie erwartet?"

‹Da könnte ich schon etwas an mich kriegen. Als ob ich sonst hier nicht essen dürfte!›

„Nein, ich möchte hier zu Mittag essen."

„Sie bleiben allein? Bitte sehr, wenn Sie mir bitte folgen würden."

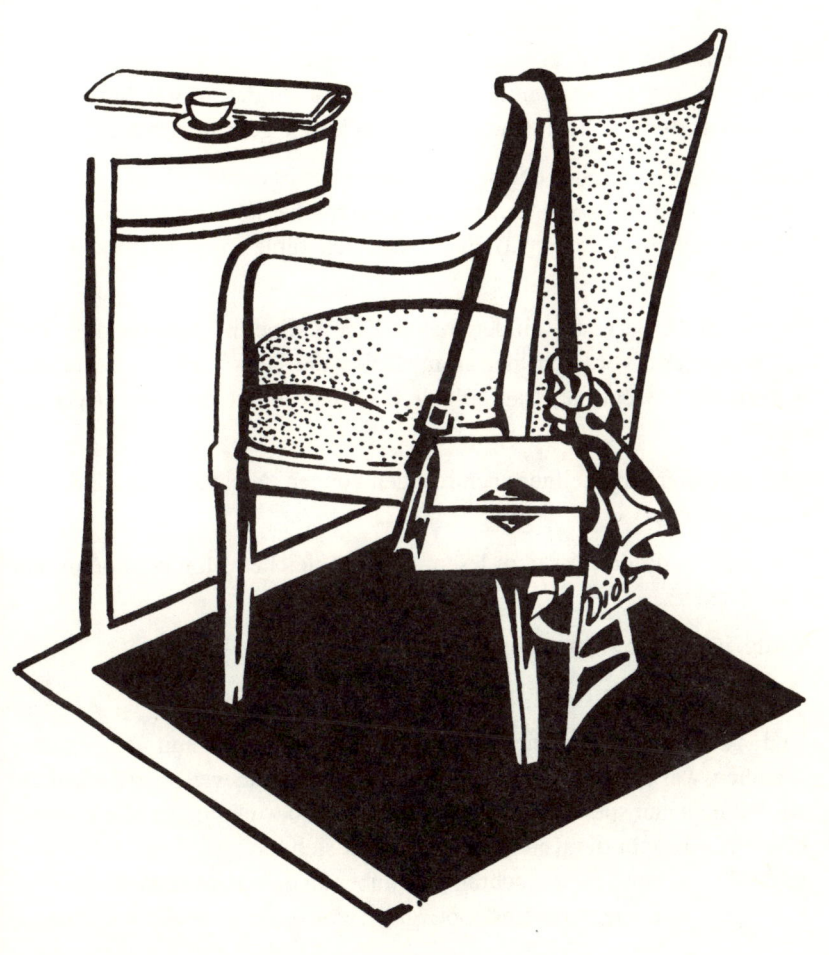

‹Ja, ja, ich bleibe allein. Das ist auch so eine blöde Frage. Eine Frau allein ist etwas anderes als ein Mann allein. Der hätte ja auch fragen können, ob ich noch jemand erwarte. Kein Fingerspitzengefühl.›

Sie geht hinter dem Ober her, durch die Tischreihen mitten durch. Sie sieht nicht links, nicht rechts. Dafür sehen aber andere Gäste zu ihr hin. Ein paar Herren schauen, mehr gewohnheitsmäßig, ihr ins Gesicht, auf die Beine.

Die Blicke der anwesenden Damen treffen sie genauer. Mit einer Art Scanner-Blick erfassen sie die ganze Frau, von Kopf bis Fuß, runter und rauf, mit allen Details: Die kleine Brosche am Revers ist sicher kein Erbstück, sondern modern. Für das Kleid sind die Strümpfe zu dunkel. Keine Frisur vom Frisör.

Vor einem kleinen Tisch mitten im Lokal bleibt der Ober stehen. Er zieht einen Stuhl zurück, weist mit der anderen Hand auf das Polster, bittet, Platz zu nehmen, dreht sich im gleichen Moment ab und geht, ab durch die Mitte.

‹Ausgerechnet zwischen den beiden Gängen. Da ist doch noch ein Tisch frei, an der Wand und da am Fenster auch. Nun sitze ich hier wie auf einem Präsentierteller. Alles guckt. Egal. Aber ich fühle mich hier nicht sehr wohl.›

Sie nimmt die Serviette auf den Schoß. Eine Kellnerin kommt und legt ihr die Speisekarte vor, sieht den Mantel, den die Dame auf die Lehne des Nebenstuhls gelegt hat, fragt, ob sie darf und nimmt ihn mit zur Garderobe.

‹Das hätte der Oberkellner auch machen können. Nicht sehr geschult, das Personal hier.›

Sie fängt an, in der Karte zu lesen. Fast im gleichen Moment kommt der Ober wieder:

„Bitte, haben Sie schon gewählt?"

„Nein, ich habe die Karte ja eben erst bekommen ..."

Und, zack, weg ist er wieder. Eigentlich wollte sie ja mit ihm darüber sprechen, was sie essen soll. Sie kennt das Lokal nicht, weiß also auch nicht, worauf man hier spezialisiert ist. Sie studiert also weiter in der Karte, findet etwas gut. Klappt die Karte zu, legt sie vor sich hin und blickt auf ... und in die Augen eines Herrn, schräg gegenüber an dem Fenstertisch, der eben noch frei war. Der Herr, ertappt, guckt sofort weg, greift nach seiner

Brusttasche und holt seinen Terminplaner heraus, in dem er intensiv herumblättert.

‹Der sieht eigentlich ganz sympatisch aus. Mitte Fünfzig ist der bestimmt schon, aber dafür sieht er gut aus. Nun sitzt er an diesem Vierertisch am Fenster, alleine. Wieso nun der und nicht ich!?›

Es dauert. Der Oberkellner saust umher, offenbar hat er viel zu tun. Endlich nimmt die Kellnerin die Bestellung der Dame auf. Das Essen kommt, es schmeckt sehr gut, aber es ist nicht mehr richtig heiß.

‹Mit dem Ober will ich mich nicht anlegen. Ich fühle mich hier sowieso nicht wohl. Ich esse das jetzt und bestelle mir dann noch einen Mocca, der wird ja wohl heiß sein.›

Die Dame hat gerade den letzten Bissen im Mund und die Gabel noch in der Hand, da greift jemand nach ihrem leeren Teller. Ein ganz junger Kellner, ein Commis wahrscheinlich. Nun wird sie ärgerlich und sagt in scharfem Tonfall:

„Moment mal! Würden Sie mich bitte erst einmal richtig fertig essen lassen! Was ist das nur für ein Service hier?"

In kürzester Zeit kommt nun der Oberkellner an ihren Tisch.

„Ich bitte Sie vielmals um Entschuldigung, gnädige Frau! Es tut mir wahnsinnig leid. Wir haben heute mittag große Probleme, weil ganz plötzlich vier Leute im Service ausgefallen sind. Und der Maître ist auch krank. Wir haben alle verfügbaren Leute eingesetzt, auch junge Aushilfen, die eben leider noch nicht so perfekt sind, wie das eigentlich sein sollte. Verzeihen Sie bitte! Kann ich etwas für Sie tun, einen Kaffee und einen Cognac vielleicht?"

„Nein, danke. Ich möchte einen Mocca und dann zahlen."

Der Oberkellner nimmt nun den Teller mit dem diagonal darauf gelegten Besteck mit und geht. Gleich darauf steht wieder jemand neben ihr. Ein Bekannter, der eben, von der Dame unbemerkt, in das Restaurant gekommen war und die Entschuldigung des Oberkellners mitbekomen hatte. Sie bittet ihn, sich zu ihr zu setzen. Er schaut sich um:

„Kein schöner Tisch. Weißt Du was, ich esse jetzt hier unter diesen Umständen nicht, sondern ich trinke mit Dir einen Mocca, und dann gehen wir noch ein Stück durch die Stadt. Ich muß sowieso abnehmen!"

Der Ober ist schon wieder da, bringt den Mocca und die Rechnung und erkundigt sich nach den Wünschen des Herrn. Keine drei Minuten später ist der zweite Mocca da. Mit etwas Gebäck.

„Bitte schön, mein Herr. Darf ich Ihnen die Karte ...? Vielleicht an einem anderen Tisch ... nein? Selbstverständlich, bitte sehr."

Die Dame denkt sich:

‹Ist der nun so freundlich, weil ein Herr mit mir am Tisch sitzt, oder weil ich vorhin gefaucht habe?›

Sie sieht hinüber zum Fenstertisch. Der ist inzwischen leer.

Hinter dem Kulissen:
Flirt-Gefahr bei Bar-Besuch

Das Hauptproblem für die alleinreisende Dame ist die Bar. Was unterscheidet sie von den dort anwesenden Herren? Nichts. Außer, daß sie eine Frau ist.

Doch die tägliche Lebenserfahrung sagt anderes. Viele ganz solide Herren beginnen ab einem individuell unterschiedlichen Alkoholspiegel anwesenden Frauen ihre Aufmersamkeit zu widmen. Mehr oder weniger deutlich. Je nach Mentalität ist das ein kleiner Augenflirt oder ein Versuch, ins Gespräch zu kommen.

Das behagt nun der sich am gleichen Ort entspannenden Geschäftsfrau oder der Gattin, die ohne Ehemann reist, oder der jungen Frau überhaupt nicht. Sie ist eben emanzipierterweise auch hier, weil sie Appetit auf eine Bloody Mary hat, ohne Selleriesalz bitte. Deshalb muß sie sich doch nicht solchen Annäherungsversuchen aussetzen, wenn sie nicht will, doch nicht hier! Oder?

Es ist zu befürchten. So ist es nun einmal, überall. Es muß ja gar nicht grob sein! Es gibt auch amüsante Männer, mit denen man sich als Frau auch gerne unterhält. Aber es ist in unserer Gesellschaft leider immer noch nicht möglich zu verhindern, daß Männer es zumindest versuchen, ‚sie anzumachen'.

Und das kann, muß nicht, aber kann durchaus der Moment sein, zu dem diese Dame eigentlich noch sitzen bleiben möchte, aber alleine, in Ruhe. Doch wenn das nicht mehr geht, dann wird sie tatsächlich gezwungen sein zu gehen.

Natürlich gibt es tausend Methoden, mit denen sich eine Dame Abstand verschaffen kann. Auch in solchen Situationen. Manche können das mit durchschlagendem Erfolg. Aber es gibt halt auch Damen, die das nicht so gut können oder noch nicht. Das übt sich im Leben. Anderen wiederum passiert so etwas nie. Es gibt hier keine Norm und kein Patentrezept.

Aber selbst das vornehmste Hotel kann nicht garantieren, daß so etwas ausgeschlossen ist. Helfen kann der Barkeeper. Ein erfahrener Barchef überblickt solche Situationen sehr genau. Er spürt die Situation, und ganz von selbst greift er mit seinen Möglichkeiten ein. Oft unmerklich für die Beteiligten, und ohne daß ihn jemand darum bitten muß.

Der Bereich Bar ist schwer von oben zu steuern und zu kontrollieren. Alles steht und fällt mit der Persönlichkeit des Barchefs. Das ist eine der häufigen Positionen in einem Hotel, die ein großes Maß an Fachqualifikation, menschlichem Einfühlungsvermögen und charakterlicher Seriosität erfordert. Damen ohne Begleitung kommen diese Fähigkeiten zugute.

Die allein reisende oder ein Restaurant besuchende Dame kennt aus ihrer eigenen persönlichen Erfahrung die Situationen, in denen sie leicht in Schwierigkeiten oder Ärgerlichkeiten geraten kann. Je nach Mentalität sollte sie diese dann meiden oder sich einer Vertrauensperson anvertrauen.

Alle Häuser der Gastronomie bemühen sich um eine zuvorkommende, zumindest gleich aufmerksame Haltung ihres Personals gegenüber Damen. Der Erfolg hängt ab von der Entwicklung des allgemeinen gesellschaftlichen Bewußtseins dafür. Tatsächlich ist dieser Bereich eine besonders empfindliche Seite der Schwierigkeiten heutzutage, im Dienstleistungsgewerbe beim Personal Haltungen durchzusetzen, denen viele Entwicklungen unserer Zeit entgegenstehen.

In den Konzeptionen der Hotels gibt es sehr gezielte und zuweilen bemühte Unternehmungen, mit denen man zeigen möchte, daß man es gerade der reisenden Dame besonders angenehm machen will. Spezielle Zimmer, ja ganze Flure, sogar ausgesprochene Frauen-Hotels gibt es hierzulande bereits. Nur muß sich die Gastronomie eigentlich bemühen, ein so neutrales Angebot zu schaffen, daß es sehr vielen Gästen angenehm ist. Alles andere wäre eine Zielgruppen-Einengung, also ein kleinerer Markt. Die Frage, ob eine mögliche Spezialisierung später diese Marktverengung durch eine umsatzfördernde Vertiefung innerhalb dieser Gruppe kompensiert, ist seriös im voraus nicht mit Sicherheit zu beantworten. Von einer Erweiterung des Umsatzes oder gar der Gewinne ist da noch gar nicht die Rede.

Aber es geschieht ja auch etwas. So ist entweder in keinem oder in allen Badezimmern inzwischen ein Haarfön. Sicher wird der eher von Damen benutzt. Auch die Räumlichkeiten mit dem D an der Tür ähneln inzwischen häufiger den Grooming-Areas amerikanischer Hotels, Wohnzimmern ähnliche Aufenthaltsräume, die den Zweckräumen vorgelagert sind.

Immer mehr weibliches Personal in Hotels und auch in Restaurants steht den Damen als Gesprächspartnerinnen zur Verfügung. In allen Ländern der Welt wächst die Zahl der bedeutenden Hotels, deren Leitung in den Händen einer Frau liegt. Und diese Entwicklung wird vermutlich weitergehen.

Die Profis raten:
Schwachstellen machen sicher

An erster Stelle müssen wir hier sagen, daß es eine Frage des Niveaus und des Stils des Hauses ist, ob Damen irgendwie nicht so behandelt werden, wie sie das erwarten. Auf der Ebene, über die wir hier sprechen, gibt es diese Probleme nicht. Sie spielen sich viel eher im Rahmen von Befürchtungen ab. Die Ängste mögen durchaus real sein. Aber hier sind sie nicht angebracht. Das ist ja eben einer der Vorteile solcher Häuser. Sie haben ein Ambiente, in dem solche Befürchtungen unbegründet sind. Ganz von allein und ohne Zutun ergibt sich das. Es dokumentiert sich das Niveau eines erstklassigen Hauses durch korrektes Verhalten aller Angestellten in allen Situationen. Jedem Gast gegenüber! Deshalb wächst bei den Stammgästen immer mehr der Anteil der Damen.

> Haben Sie keine Befürchtungen! In guten Häusern können Sie die grundsätzlich vergessen!

*

Wenn Sie sich aber doch Sorgen machen: Stellen Sie sich auf die befürchteten Schwierigkeiten ein. Manche lassen sich leicht durch entsprechende Vorbereitung vermeiden oder zumindest verringern. Nicht unwichtig sind deswegen alle Formen von schriftlichen oder telefonischen Voranmeldungen, Reservierungen und Wünschen. Das ist aber, genau genommen, gar kein spezifischer Rat an die Frau. Das sollte jeder tun, der eine gewisse Unsicherheit verspürt.

> Regeln und organisieren Sie soviel wie möglich schon vorher telefonisch oder schriftlich!

Ein anderer Rat von uns könnte sein, sich solchen, mit Befürchtungen verbundenen Situationen gerade und möglichst oft auszusetzen. In guten Häusern führt das geradewegs zu der Erkenntnis, daß diese Ängste eben unbegründet waren. Und damit sind sie dann auch rasch und für immer abgebaut. Vertrauen Sie darauf, daß Sie in allen Bereichen dieser Häuser Menschen um sich und vor sich haben, die nichts anderes wollen, als Ihnen Wohlbefinden zu vermitteln, Ihnen zu helfen, Ihnen etwas abzunehmen oder speziell für Sie zu machen.

> Testen Sie vermutete Schwachstellen. Die Ergebnisse werden Sie sicher machen!

Sollte es Ihnen irgendwann einmal doch so vorkommen, als wäre ein falsches Benehmen festzustellen, dann wenden Sie sich sofort offen an den Portier, den Maître oder den Direktor. Je nachdem, worum es sich handelt. Sie lösen damit nicht nur Ihr Problem, sondern auch eine Reaktion aus, die solches Vorkommnis in Zukunft verhindert. Denn selbst nur der Anschein, da wäre etwas nicht in Ordnung mit dem Verhalten gegenüber einzelnen Gästen oder Gästegruppen, löst den denkbar grellsten Alarm in den höchsten Etagen aus.

> Bitte behalten Sie Fehlverhalten Ihnen gegenüber nicht für sich!

*

Geben Sie jedoch auch Ihrer bereitwilligen Umgebung die Chance, das zu tun, was Sie gerne möchten. Sagen Sie ganz klar und deutlich, was Sie wie haben wollen. Es sind Zurückhaltung und natürliche Bescheidenheit dort nicht am Platze, wo ein ganzes Unternehmen darauf ausgerichtet ist, Wünsche zu erfüllen. Bestehen Sie so lange darauf, bis Sie überzeugt sind, das dieser Wunsch beim besten Willen nicht erfüllbar ist.

> Alle Angestellten werden nur dafür bezahlt, Ihnen jeden Wunsch zu erfüllen, soweit das möglich ist!

Und haben Sie einmal einen Wunsch, der vielleicht im Rahmen der Routine nicht so einfach zu erfüllen ist, dann motivieren Sie den Ansprechpartner. Sie haben es da einfacher als alle Männer: Wecken Sie den Kavalier in Ihrem Gegenüber!

> Männliche Angestellte sind in solchen Häusern gerne Kavaliere, ganz nach alter Schule!

Kapitel 12
Die Tisch-Reservierung

Viele Gäste betreten spontan ein Restaurant,
in dem sie unbekannt sind.
Ohne einen Platzwunsch zu äußern,
überlassen sie dem Service die Tischauswahl.
Und dann sitzen sie nicht optimal.

Die Tisch-Reservierung

Aus meiner Sicht:
Mit auf der Bühne sein

Wenn ich ins Restaurant gehe, dann durchaus nicht wegen des Essens allein. Ich suche dort auch noch etwas anderes. Ich will Menschen um mich haben. Das ist mir fast genauso wichtig.

Und zwar möglichst von einer ganz bestimmten Spezies: Die anderen Gäste sollten, ähnlich wie ich, Freude am Genuß haben. Durchaus mit Anspruch, aber auch mit Spaß. Schön wäre es, wenn sie auch selbst ein wenig vom Kochen verstehen würden und sich beim Essen übers Essen, über Rezepte und Lokale unterhalten würden.

Wenn das irgendwo so ist, dann fühle ich mich wohl, entspanne und kann genießen. Und noch etwas ist mir wichtig: Ich will alles beobachten. Den anderen Gästen ansehen, wie es ihnen schmeckt. Dem Service zuschauen, wie locker er sein Zeremoniell absolviert.

Das ganze Treiben in einem Restaurant ist für mich wie ein kleines Theaterstück, bei dem ich mit auf der Bühne sitzen darf.

Das geht nur nicht von jedem Platz aus. Ich möchte gern den Blick aufs Ganze haben. Aber gleichzeitig auch meine Ruhe. Es gibt prominente, exponierte Tische. Darauf kommt es mir nicht an. Aber ich will keinen dieser unglücklichen Plätze, die einem das ganze Essen glatt vergällen können.

Sicher, ich kenne auch keinen Grundriß, der jeden Tisch eines Restaurants zu einem Ecktisch machen kann. Aber es gibt eben Tische, an denen man sitzt wie auf dem Mittelstreifen einer Autobahn. Der Verkehr strömt an einem vorbei, vorne, hinten – Leute mit kalten Mänteln, duftenden Platten und leeren Tellern.

Oder der Tisch neben den Besteckkästen der Kellnerstation. Hübsch ist auch der direkte Blick auf die beiden Türen mit den kleinen Bronzefigürchen drauf. Oder die akustische Anregung durch die zischende Luftdruckbremse der Pendeltüren zur Küche.

Nein, manchen Platz will ich unter keinen Umständen haben. Wenn alles besetzt ist und nur noch so ein Katzentisch frei ist, dann habe ich eben Pech gehabt. Lieber gehe ich wieder und in ein anderes Lokal.

Ein andermal.

So kann's laufen:
Man sah es ihm nicht an

Kurz nach acht Uhr abends kam er mit einem Taxi. Dunkelgrauer Flanell, hoch herausragender Hemdkragen, die Krawatte in mutig leuchtendem Rot, den Mantel überm Arm. Ein Herr, so Anfang 40, schlank, selbstsicherer Auftritt.

Er schritt, von der Garderobe kommend, zielstrebig auf das Restaurant zu. Am Eingang, neben dem matt beleuchteten Stehpult des Restaurantchefs verharrte er, sah sich um. Das Lokal war gut besetzt. Halblautes Stimmengewirr, dunkel gekleidete Kellner standen an den Tischen, huschten hin und her. Nur hier, wo er in Empfang genommen und zu einem Tisch geleitet werden müßte, da war niemand.

Der Herr wartete, entspannt. Noch! Denn wer genau hinsah, konnte um die Augen die Schatten und Fältchen eines anstrengenden Tages entdecken. Er hatte alle geschäftlichen Bemühungen hinter sich gebracht. Ein langer Tag der Anspannung und der Anpassung an seine Verhandlungspartner lag hinter ihm. Und nun wollte er sich fallenlassen, entspannen, allein sein, genießen. Jetzt wollte er selbst verwöhnt werden, von anderen.

Deshalb hatte er sich zu diesem renommierten Restaurant fahren lassen. Und da stand er nun.

‹Mein Gott, warum kümmert sich denn nun keiner um mich? Ich stehe hier herum, und dabei habe ich Hunger! Aha, der Kellner, nein, dreht ab und nimmt eine Bestellung auf. Ich komme mir langsam lächerlich vor. Das lasse ich mir nicht bieten!›

Und er startet durch. Forschen Schrittes strebte er einem freien Tisch zu, den er an den Fenstern entdeckt hatte. Er ahnte es schon: Für zwei Personen eingedeckt und ein Schildchen, dezent, aber deutlich „Reserviert". Er verharrte nur einen Augenblick lang, dann verschloß sich sein Gesicht spontan.

‹Das ist mir jetzt egal! Ich bleibe nun hier nicht stehen. Immer noch keiner da, der mich zu einem freien Platz führt. Das kann von mir aus jetzt Ärger geben!›

Die Tisch-Reservierung

Der Gast war dabei sich zu setzen, da stand plötzlich ein ganz junger Kellner neben ihm. Der wollte ihm nicht etwa hilfreich den Stuhl in die Kniekehlen schieben. Im Gegenteil: „Mein Herr, dieser Tisch ist belegt!"

‹Hätte der junge Mann nur nicht diesen korrigierenden Tonfall gehabt! Kein Bedauern, eher wie eine Zurechtweisung klang das. Mir langt's jetzt. Ich setze mich jetzt hierher! Basta!›

„Ich sehe hier niemanden, außer mir, an diesem Tisch!"

„Aber da steht doch das Schild. Vielleicht würden Sie…?"

„Nein! Ich bleibe hier! Schicken Sie mir den Oberkellner!"

‹Anstatt eine Karte zu bekommen, muß ich mich jetzt hier abzappeln. Mir ist das peinlich. Die am Nebentisch beobachten mich schon, ob ich mich durchsetze. Das wird ein öffentlicher Wettkampf. Das wollen wir doch einmal sehen! Ärgerlich! Ich hätte woanders hingehen sollen. Aha, da kommt offenbar der Oberkellner. Jetzt geht's los!›

„Guten Abend, mein Herr! Es tut mir sehr leid, daß sich niemand um Sie gekümmert hat. Aber ich stehe Ihnen jetzt ganz zur Verfügung. Bleiben Sie allein? Ja? Dann nehmen wir sofort das andere Gedeck weg. Hier ist die Speisekarte. Aber, darf ich Ihnen jetzt vorab vielleicht erst einmal einen Aperitif bringen?"

‹Na, endlich ein vernünftiger Mensch. Ausatmen, Streß laß' nach! Das ist aber nicht der Maître, der da vorne hätte sein sollen, das war ein Oberkellner. Guter Mann, geschickt! Hoffentlich ist das Essen hier gut und schnell. Es ist ein Elend, überall muß man sich erst durchsetzen!›

Da war auch der erste junge Kellner in seiner weißen Weste wieder da. Er räumte schweigend das andere Gedeck ab, brachte Brot und Butter zwischendurch gleich mit. Der Service fing an zu laufen. Der Gast spürte, man bemühte sich jetzt um ihn. Seine Züge begannen sich zu entspannen.

Trotzdem: Ob der Abend für diesen Gast noch zu retten war? Man sah es ihm nicht an, aber sicher war, daß er nun hier alles streng begutachten würde. Nach diesem Anfang würde jede Kleinigkeit in das gleiche Fach fallen und seinen Groll wieder aufbrechen lassen.

Da werden es nun anschließend alle Mitarbeiter mit ihm schwer gehabt haben: Der Maître, hoffentlich begrüßte er diesen Gast recht bald, damit

dieser noch Dampf ablassen konnte, bei ihm und zu Recht. Dann die Küche, die sowieso überlastet war. Sogar den Wein wird es beeinflußt haben, denn noch immer umschwebte ein Hauch von Galle die Geschmackspapillen des Gastes. Die innere Spannung wird sich noch weiter ziehen, bis zur Garderobenfrau, die sich zwei Stunden später wundern wird, warum dieser Gast so knauserig ist.

Er wußte es selbst nicht. Auch nicht, daß er sich innerlich schon entschlossen hatte, das nächste Mal in ein anderes Restaurant zu gehen.

Hinter den Kulissen:
Ein echter Ober ist der Captain

Die berufliche Qualifikation der Angestellten im Servicebereich hat sich verändert. In besonderer Weise in der Gastronomie. Da sind trotz moderner Techniken Strukturen erhalten geblieben, die noch auf Verhältnisse der ‚guten alten' Kaiserzeit vor achtzig Jahren beruhen.

Besonders augenfällig wird das bei den internen Bezeichnungen der Tätigkeiten, die für einen Laien alle ein ‚Ober' ausübt. Sie sind Ausdruck einer Hierarchie, die so differenziert heute, selbst wenn man es wollte, personell gar nicht mehr zu besetzen sind. Weder quantitativ noch qualitativ.

Am ehesten sind heute dazu noch Restaurants in der Lage, die es sich leisten können, ein Verhältnis von Gästeplätzen zu Personal von 10 zu 1 aufrecht zu erhalten. Möglich wird das nur durch ein hohes Preisniveau, eine Gästestruktur, die freizügig Tips gibt, und regionale Personalreserven, die zum Beispiel in der Großstadt schon lange nicht mehr gegeben sind.

Aber auch kleinere Betriebe halten an den überkommenen Berufsbezeichnungen fest, da sie dem Betriebsinhaber die Chance geben, die fehlenden Möglichkeiten von Einkommensverbesserungen durch hierarchisches Upgrading auszugleichen. Das Personal selbst ist daran interessiert, weil es sich davon bessere Chancen bei nächsten Bewerbungen verspricht. Nicht zu unrecht.

Das ändert jedoch nichts an der Tatsache, daß die Tätigkeiten und häufig genug natürlich auch die Befähigungen auf niedrigerem Niveau bleiben.

Der Service:
Reibungsloser Arbeitsablauf durch gestaffelte Ressorts

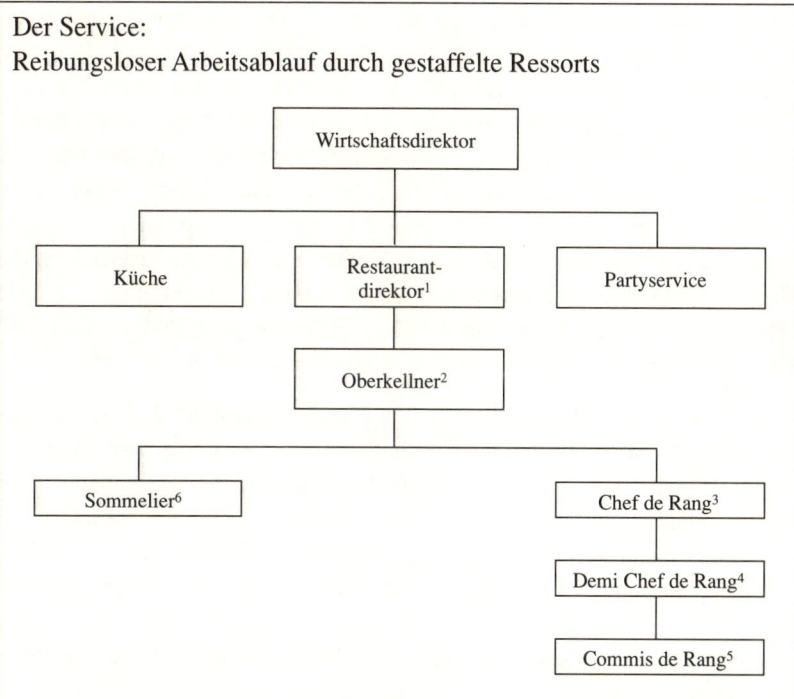

1 Zuständig für alle Restaurants eines Hauses, z.B. Hauptrestaurant, Grill, Bistro, Imbiß-Bar, Frühstücksraum, Room-Service sowie die Bankett-Abteilung, jeder größere dieser Bereiche hat einen Oberkellner.
2 Erster Oberkellner, Maître, Maître, Maître d'Hôtel, Captain. Oberste Verantwortung für alle Arbeiten im Bereich seines Restaurants von der Gästebegrüßung und -beratung über das Arbeitsgerät zur Azubi-Ausbildung.
3 Rang, franz. = Reihe, hier eine Reihe von Tischen, auch Revier oder Station mit einem Tisch für Gerät. Er ist verantwortlich für seine Station, nimmt Bestellungen der Gäste auf, tranchiert, flambiert, serviert und kassiert; Stellvertreter des Oberkellners.
4 Hierarchische Position zwischen Chef de Rang und Commis de Rang, leitet evtl. kleine Station.
5 Commis, franz. = Gehilfe, hier Jungkellner, trägt die Speisen vom Küchenpaß, der Küchenausgabe, in das Restaurant zum Guéridon, dem schmalen Servicetisch, der an den Tisch des Gastes gestellt wird, und von dem aus der Chef de Rang arbeitet.
6 Wein- und Kellermeister, verantwortet den Wein-Einkauf, die Verwaltung des Weinkellers und berät die Gäste im Restaurant bei der Wahl des Weines.

Das Überschreiten des Level-of-incompetence ist hier manchmal drastisch zu beobachten.

Verstärkend in dieser Hinsicht wirkt die Verkürzung der Arbeitsjahre in den vier klassischen Rängen des Service.

Der Commis, ein Gehilfe, wird nach der Schule in seinem 17. oder 18. Lebensjahr eingestellt. Eigentlich nicht als Lehrling, oft aber doch. Er ist der Kellner auf der untersten Verantwortungsstufe für etwa zwei Jahre. Mit dem 21. Lebensjahr steigt er auf, in großen Häusern zunächst zum Demi Chef de Rang, dann zum Chef de Rang. Das sind Bezeichnungen für den Job, den man gemeinhin als Kellner bezeichnet, aber mit ‚Herr Ober' anredet. Nach weiteren drei bis vier Jahren wird er Oberkellner oder Captain, das heißt, er leitet eine sogenannte Station oder ein Revier, mit eigenem Servicetisch für Bestecke, Menagen und was sonst noch dazugehört. Ihn nennt man zurecht ‚Herr Ober'. Er hat Leute unter sich, nimmt die Bestellungen auf, darf kassieren. Nun hat er sechs Jahre Berufserfahrung und ist 24 Jahre.

Heute kann ein 27jähriger bereits den obersten Rang der Kellnerkarriere erreichen: Er wird Restaurant-Geschäftsführer, dieser Job wird auch Restaurantleiter oder -direktor, verschiedentlich auch Maître genannt. Ein Abteilungsleiter im üblichen Sinn. Eine Managerposition heutzutage. Sie umfaßt Personaltraining, -führung, Ausbildung, Eignungsprüfung, Einsatzplanerstellung, Organisation, auch für mehrere Betriebsbereiche wie Bar, Halle, Room-Service und Bankette oft auch Teile der Profit-Verantwortlichkeit. Voraussetzung sind Mehrsprachigkeit und perfekte Umgangsformen.

Nach außen, für den Gast, ist er unter anderem derjenige, der den eintreffenden Gast zu empfangen, zu begrüßen und nach seinen Platzwünschen zu fragen hat. Nur in Ausnahmefällen wird er vertreten. Sein Pult am Eingang des Restaurants, mit Telefon für Reservierungen, ist stets besetzt. Er hat den Gast an den Tisch zu geleiten und in die Obhut des dort zuständigen Oberkellners zu übergeben. Nur er.

Die Profis raten:
Nur zehn Minuten Vorplanung

Wir möchten Ihnen gleich zwei probate Mittel anbieten, die ärgerliche Tischsucherei zu vermeiden. Zunächst der häufigere Fall: Sie haben keinen Tisch vorher reserviert und stehen im Restaurant. Steht am Eingang ein

Stehpult, gibt es auch einen Maître, der Sie dorthin führt, wo er für Sie Platz hat. Äußern Sie bei ihm sofort Ihre Plazierungswünsche, er hat Spielräume. Längst nicht alle Tische mit Reservierungsschildchen sind auch reserviert. Die warten meistens auf Stammgäste, von denen ja immer irgendwelche kommen. Ist der Restaurantchef nicht da: nicht warten, sondern auf den am dunkelsten und privatesten gekleideten Service-Herren losmarschieren und ihn ansprechen. Ob leer oder voll, ob er sich mit anderen Gästen beschäftigt oder mit dem Personal: Sie sind ein neuer Gast, für den hat er da zu sein.

> Der Restaurantchef oder sein Vertreter muß sich um neu eintreffende Gäste kümmern. Das ist sein Job!

Das wirksamere Mittel ist die Vorbestellung des Tisches. Es ist erstaunlich: Manchmal sind keine 15 Prozent der abends besetzten Tische vorbestellt worden. An lebhaften Tagen und in sehr renommierten Häusern können es auch 40 bis 50 Prozent sein. Einzelne scheinen zwar nie freie Plätze zu haben, aber die sind dann ja so überlaufen, daß es sowieso besser ist, man wartet beruhigtere Zeiten ab. Rufen Sie also vorher an, oder lassen Sie anrufen, das ist ja kein Problem. Selbst wenn es nur zehn Minuten vorher ist, weil Sie sich nicht eher entschließen wollten oder konnten. Sie werden mit Namen empfangen, haben Ihren Tisch und keinen Ärger.

> Telefonische Reservierung, selbst ganz kurzfristig, erspart Ihnen Probleme. Und dem Personal auch!

Äußern Sie Ihre Sonderwünsche gleich am Telefon. Wenn es nicht gar zu kurz vor Ihrem Eintreffen ist, sind genügend Tische da. Es ist ja nicht wie in den USA, wo das ein knallharter Prestigekampf im Gefecht um soziale Geltung ist, der mit horrenden Trinkgeldern von Bestechungsniveau ausgefochten wird. Sie bekommen im Zweifelsfall auch den Vierertisch am Fenster, selbst wenn Sie nur zu zweit sind, dazu aber sagen, Sie hätten einen auswärtigen Gast mit, der gucken wolle. Oder den mit gutem Blick in das Lokal, oder den weit weg von Küche und Servicetischen, oder den ungestörten, wegen vertraulicher Gespräche. Gibt's überall.

Die Tisch-Reservierung

> Beschreiben Sie ruhig Ihren Wunschtisch, woher sonst soll der Service wissen, wo Sie gerne sitzen mögen?

*

Oft hat man es ja eilig. Einzige Chance: wenig essen! Oder gar nichts! Oft gibt es aber eine Alternative. Bestellen Sie Ihren Tisch gleich mit dem Hinweis, Sie hätten es furchtbar eilig. Sie sind dann zwar kein idealer Gast, aber man wird sich bemühen und Sie in ein Revier setzen, das nicht vorhersehbar überlastet ist. Der gute Maître wird auch seinerseits dem Oberkellner sagen, daß Sie zügig bedient werden möchten. Und der kann Sie dann gegebenenfalls auch an Ihre Eile erinnern, die Sie selber über Ihre Geschäftsgespräche ganz vergessen haben. Es kann aber auch passieren, daß Sie die Antwort bekommen, daß das heute schwer möglich ist, weil Messe oder ähnliches stattfindet. O.k., auch gut. Besser jetzt, vorher am Telefon, als hinterher dort zu sitzen, um dasselbe zu erfahren.

> Weisen Sie schon bei der Reservierung auf Ihre speziellen Handicaps hin!

*

Lassen Sie Ihre Sekretärin von Ihren bevorzugten Restaurants nicht nur Namen, Telefonnummern, Name des Maîtres notieren, sondern auch ein paar Zeilen schreiben, daß ihr Chef, Herr ... häufiger mittags ... und stets gerne am Tisch ... leider oft in Eile ... darum die aktuelle Speisekarte in ihrem Büro ... in Sonderfällen gleich bei der Reservierung schon bestellen ... usw. Glauben Sie uns, ein solcher Brief wirkt Wunder. Dagegen haben zehn Kreditkarten die Prestigewirkung einer abgefahrenen U-Bahn-Karte.

> Ihr Sekretariat sollte Kontakt pflegen mit den wichtigsten Restaurants!

Kapitel 13
Der Service

Jeder Gast gehört zu einem Gästetypus
oder einer Untergruppe.
Gute Kellner kennen sie und agieren entsprechend.
Verstellen ist zwecklos, man muß zu sich stehen.
Gute Gäste gehen auf den Service ein.

Aus meiner Sicht:
Alle mal hersehen, ich bin wer!

Gerade hatte ich gelernt, daß es die Sache des Kellners ist, den Wein nachzuschenken, wenn das Glas leer und in der Flasche noch etwas drin ist. Da fing ich an, darauf zu achten. Und wenn es dann mal einer vergaß, machte ich ihn darauf aufmerksam. Stumm zwar, aber deutlich, mit Blick und Geste. Ich wollte ihm bedeuten: Hier sitzt ein Gast, noch jung an Jahren zwar, aber täusche Dich nicht, der weiß, wie Du es richtig zu machen hast. Also bitte, mein Glas ist leer. Ich will, daß Du mich behandelst wie die anderen auch.

Ich war stolz, daß ich die Spielregeln kannte. Das ist wohl so ein Stadium, da muß man durch. Hallo, Achtung, alle mal hersehen, ich bin nämlich wer! Dabei ist es nichts anderes als die Angst, übersehen zu werden. Oder die Furcht, daß andere vorgezogen, besser behandelt, mehr geliebt werden.

Oh, das ist verständlich! Wer hat schon eine so glückliche Entwicklung hinter sich, daß er von jung auf die überlegene Sicherheit wirklich hat. Ich jedenfalls mußte sie erst einmal spielen, einüben, deutlich demonstrieren.

Wie auf der Bühne der junge Schauspieler oder der junge Sänger: er macht zu viel, viel zuviel. Je älter sie werden, desto weniger machen sie und um so besser sind sie. Weniger ist mehr. So ist's auch mit dem Gast.

Doch wer weiß, wie's geht, der kann gut gelassen sein. Einfach ist das gar nicht. Denn der Gast ist nun einmal in der besseren Situation gegenüber dem Kellner. Er ordert, der muß holen. Er zahlt, der muß sich bedanken. Er sitzt, der steht, es geht aber trotzdem von oben runter.

Natürlich tut es auch einmal ganz gut, wenn sich andere nach einem richten müssen. Ich muß mich doch ständig anpassen. Warum nur immer ich? Ich will es auch mal anders herum! Davon ist sehr oft auch etwas in dem schillernden Motivationsmosaik enthalten, das Menschen in Restaurants treibt. Es ist ja nicht immer nur der blanke Hunger.

Ist es Macht? Unter dem Motto: Ich auch mal? Gerade der Frackträger soll vor mir in meiner teuren Leisure-Wear einen Diener machen? Nein, das ist es nicht. Zumindest ist das Mütchenkühlen nicht oft ausschlaggebend. Schon eher möchte ich gerne verwöhnt werden.

Viele der Menschen, die sich in diesen prestigeträchtigen, hochkultivierten, gestylten Lokalen aufhalten, sind eigentlich müde und abgespannt. Ausgepumpt von einem Arbeitsalltag, der ihnen das Letzte abgefordert hat an Konzentration, Flexibilität und Anpassungsfähigkeit. Die mächtigen Kunden und die bösen Kollegen haben sie ausgepowert. Viel Geld verdienen kostet manchen sogar Teile der Selbstachtung.

Nun hat er es sich also verdient, das Geld, und auch, daß er jetzt dran ist. Jetzt soll sich einmal alles um ihn drehen. „Ich möchte den König spielen in Eurem Stück!" ruft er stumm. Denn er hat verstanden, daß dieses Stück hier aufgeführt wird. Ich bin der König Gast.

Nun stellt er aber fest, daß er ja den Text dieses Stückes gar nicht so richtig drauf hat. Jedenfalls nicht so genau, wie er vorher dachte. Jetzt macht es ihm gar nicht mehr so viel Spaß. Er wird unsicher.

Und dann kommt eine Stelle, da weiß er nun ganz genau, wie es gehen soll, und die anderen können ihren Text nicht! Die wollen nämlich selbst nicht mehr die Diener spielen. Sie sind auch wer! Könige sind längst abgeschafft, und der will hier einen spielen?

Da sind sie nun auf der schönen eleganten Bühne, im Licht und Glanz der großen Welt. Und alle beide kennen den Text nicht mehr. Was nun?

Das lernt man eben erst so mit den Jahren. Der eine früher, der andere später. Aber alle wissen eines Tages: Jeder Mensch hat Schwächen. Jeder trägt seinen Packen. Keiner bleibt immer oben. Per Saldo sind Freude und Glück ein seltenes Ereignis. Für Überheblichkeit gibt es keinen Anlaß. Dann wird man gelassen, freundlich, menschlich. Mehr ist es nicht. Das ist alles. Der ganze Text.

Bis man das weiß, spielt man halt den Verärgerten, der vor einem leeren Weinglas sitzen muß.

So kann's laufen:
Die abgerufenen Rehnüßchen

Es war kein unwichtiges Essen. Der Einkäufer hatte seinen offenbar erkälteten Geschäftsführer mitgebracht. Eine wichtige Geschäftsverbindung. Wichtig, aber mehr für den Gastgeber als für die Eingeladenen. Heute mittag war das Thema: Lockerungsübung in gehobener Atmosphäre. Ein renommiertes Restaurant. Sehr gut und entsprechend teuer. Genau der Platz für solchen Zweck. Schade drum: Eigentlich wäre der Gastgeber lieber allein mit seiner Frau in Ruhe und ohne Geschäftsthemen hier essen gegangen. Sie mußte sowieso dauernd zurückstehen wegen seines Jobs. Aber so ist es nun mal. Mit diesen Gedanken vertiefte sich der Gastgeber in die Karte.

‹Ich finde, daß vier Gänge genügen. Es ist schließlich Mittag. Heute Abend muß ich schon wieder Essen gehen, eine große Sache, da geht es unter sechs Gängen nicht ab.›

„Also, ich schlage vor, wir nehmen erst einen Salat oder eine kleine Vorspeise und eine Suppe. Und dann, nach dem Hauptgang, können wir ja sehen, wer noch etwas Süßes oder Käse möchte. Nicht wahr?"

Der Geschäftsführer senkte etwas den Kopf, was man als leichtes Nicken deuten konnte, aber auch, daß er noch weiter in die Karte sehen wollte. Der Einkäufer jedoch studierte die Karte mit einer demonstrativen Sorgfalt, die dem Gastgeber auffiel.

‹Was sucht der denn? Wie ich den kenne, nutzt der jetzt die Gelegenheit und schlägt zu! Aber sein Chef wird ihn wohl daran hindern. Der ist sowieso erkältet.›

„Worauf haben Sie denn Appetit? Wie ist es mit einem leichten Fisch? Oder mögen Sie lieber Geflügel?"

Bewußt wendet er sich an den Geschäftsführer, den er vorher noch nicht kennengelernt hatte. Der sieht auf und meint trocken:

„Ach, ich muß ehrlich sagen, ich habe richtig Appetit!"

‹Na bitte, ich habe es befürchtet. Die sind sich einig. Diese Gelegenheit wird genutzt! Ich bezahle ja! Anstatt sich hier auf das Essen zu konzentrieren und zu genießen, werden Spesen gemacht. Auf meine Kosten. Einfach unhöflich. Nur, die wissen, daß ich von Ihrem Wohlwollen abhänge. Was soll ich machen. Lügen? Mitspielen? Aber nun richtig!›

„Aber ja, natürlich! Gerne! Wie wäre es denn, wenn wir vorweg zu dem Glas Champagner einen Blini mit Kaviar nehmen? Ist hier oben, unter warmen Vorspeisen."

Wieder senkt der Geschäftsführer den Kopf, das sah schon eher nach Zustimmung aus. Der Oberkellner kommt an den Tisch. Er hatte gemerkt, daß sich eine Entscheidung an dem Tisch anbahnt und will zur Verfügung stehen. In diesem Moment sieht der Einkäufer plötzlich auf und dem Gastgeber entschlossen ins Gesicht: „Hier ist doch ein wunderbares Menü, warum nehmen wir nicht das?"

Er zeigt auf die Karte. Der Kellner reagiert sofort:

„Oh, ja. Das ist unser Degustations-Menü! Da haben Sie sechs kleine Gänge. Alles nicht viel. Sehr schöne Sachen, ganz auf den Herbst abgestimmt."

‹Aber die absolut teuerste Möglichkeit, natürlich! So hatte ich mir das schon gedacht! Plus Wein. Ich gebe auf. Was soll's. Ich kann es nicht ändern.›

Bei diesem resignierten Gedanken klappt ihm gegenüber der Geschäftsführer seine Karte zu und nickt. Dieses Mal eindeutig und endgültig. Zum Ober gewendet bestellt er das Menü dreimal und fragt nach dem Wein. Der Oberkellner schickt den Sommelier.

‹Haha! Jetzt sind die beiden die Dummen und können nicht auch noch beim Wein zuschlagen! Die Weinkarte bekomme nur ich als Gastgeber vor die Nase. Da sehen die beiden die Weine und Preise nicht, auf die ich für den Sommelier tippe.›

Ohne Rückfragen zeigt er auf zwei Weine. Einen weißen und dann, es steht Wild im Menü, einen roten. Beide vom vorvergangenen Jahr, preiswert, Mittelklasse. Der Sommelier notiert. Nichts Billiges, schließlich will er, der bezahlt, ja nicht mehr unter dieser unseligen Konstellation leiden als nötig. Denn eigentlich sind ihm Appetit und Spaß vergangen. Er hadert mit sich und seinem Job und damit, daß er diese schöne, ja auch für ihn nicht so häufige Gelegenheit, hier zu essen, mit den beiden da vergeuden muß. Schade drum.

Das Essen kommt. Alles erstklassig. Bis …

Es war vor den Rehnüßchen: Der Rotwein kam, der Weinkellner präsentierte die verschlossene Flasche. Es war der, den der Gastgeber ausgesucht hatte. Da schaltete sich plötzlich der Geschäftsführer ein. Er behauptete, jeder Rotwein müsse vor dem Trinken dekantiert, in Glaskaraffen umgegossen werden. Jeder, und dieser sei noch zu.

Nun begann der Sommelier zu erläutern, sehr vorsichtig, daß Extraktreichtum und Depot bei Weinen ab fünf Jahren auftreten, da sei es wohl wichtig, zu dekantieren, aber ein generelles Muß, natürlich gewinnt jeder Wein... Er stand unter einem Druck, den keiner der Gäste an diesem Tisch ahnte:

‹Um Himmels willen! Das jetzt mir! Diesen Wein muß man nicht dekantieren. Aber das wäre mir ja egal, wenn dieser Herr das so will. Nur das dauert jetzt zu lange: In der Küche sind die Rehnüßchen schon abgerufen, das weiß ich. Wenn ich jetzt erst anfange zu dekantieren, dann dauert das viel zu lange! Erst Wein probieren, dann darf das Essen kommen. Essen auf dem Tisch und der Wein noch nicht im Glas, das geht in unserem Haus eben nicht! Aber bis dahin ist das Wild zu gar geworden und nicht mehr heiß. Der Küchenchef bringt mich um!›

In diesem Moment steht der Weinkenner mit den Worten auf:

„Na also, mir ist es eh gleich... Ich schmecke ja sowieso nichts, bei meiner Erkältung... Ich bitte um Entschuldigung, ich muß eben meine Nase... mein Schnupfen... bin sofort wieder da."

Und geht. Er kommt wieder, in dem Moment, in dem die Gläser gefüllt sind, aus der Flasche. Der Gastgeber hebt sein Glas, prostet auf die Gesundheit seines Gegenübers und in der gleichen Sekunde kommen die Kellner mit dem Wild anmarschiert. Voran der Oberkellner:

„Rehnüßchen an Holundersoße mit Rosenkohl-Timbale, bitte sehr!"

Glück muß die Küche haben – und der Sommelier. Und auch der Gastgeber mit seinen Gästen.

Hinter den Kulissen:
Typen, Trends und gutes Tippen

Vor noch gar nicht langer Zeit sagte man korrekterweise in der Branche zum Reich der Kellner *das* Service, französisch ausgesprochen, wie *ßervies.* Der Service, wie *ßöhrwiß,* hat sich mit zunehmender Akzeptanz des Englischen eingebürgert. Gewandelt haben sich auch die Probleme in diesem Bereich. Langsam, aber deutlich, mit unserer gesellschaftlichen Entwicklung. Wie ist es heute? Jeder gastronomische Bereich hat da seine eigenen Erfahrungen. Mit welchen Gästen hat es der Service zu tun, seiner Meinung nach? Jeder wird da seine eigene Einteilung haben, aber auf diese drei Grundarten von Gästen könnte sich eine Service-Crew einigen. Jede Gruppe etwa gleich groß:

Das eine Drittel will überhaupt keinen Rat. Das sind Unsichere, Rechthaber, Schlaumeier, Autoritäre, Kollegen, Tester oder aber Entschlossene, Kenner, Stammgäste, vielleicht auch Liebhaber bestimmter Spezialitäten der Karte, oder halt nur Schweigsame, Eigenbrötler und Leute, die zwar gerne dort sitzen, aber denen im Moment der Kopf nach ganz etwas anderem steht, als mit dem Kellner über einen Flan von Brokkoli zu diskutieren.

Die anderen sind am Essen uninteressiert. Die sind nur in dem Restaurant, weil sie Hunger und Geld haben, das äußere Ambiente mal erleben wollen, ihren Gästen etwas Tolles vorzeigen möchten oder Geschäftspartner zu beeindrucken versuchen. Letztere haben einen Aktenkoffer neben dem Tisch stehen, reden nur über das Geschäft, legen Akten neben das Dessert und wissen hinterher überhaupt nicht mehr, was sie gegessen haben.

Die dritte Gruppe sucht den Rat des Fachmanns, dessen, der sich auskennt in seinem Fach und speziell in dem Haus, der die Stärken, aber auch die Schwächen der Küche erlebt und die augenblickliche Situation dort erfahren hat, der ahnt, daß deshalb heute, ohne den Küchenchef, in Urlaub, und ohne den Patissier, der gerade krank ist, das Soufflé Grand Marnier eine risikoreiche Bestellung ist, und deshalb die Birne in Rotwein mit Maronenparfait empfiehlt, weil beides notwendigerweise schon vorbereitet ist.

Wer sich zur letzteren Gruppe zählen kann, wird selten enttäuscht sein vom Service. Denn diese Gruppe wird geliebt. Für sie wird gearbeitet und auch einmal ein Krach mit den Köchen riskiert. Denn der Service kann mehr als Speisen empfehlen, Bestellungen aufnehmen, Teller bringen und abräumen. So steuert, zum Beispiel, ein guter Kellner die Geschwindigkeit der Gangfolge entsprechend der Stimmung an seinem Tisch. Er erkennt schon am Küchenpaß, daß etwas nicht so ist, wie es sein sollte. Er verwaltet als Maître de plaisir seiner Station das Wohlbefinden und die Stimmung der Gäste mit den Möglichkeiten, die er hat. Und das sind nicht wenige.

Mit dem Verwischen von gesellschaftlichen Unterschieden, dem Verschwinden von anerkannten Autoritäten, dem Abbau finanzieller Hemmschwellen und einer wachsenden Chance, sich einer ganz persönlichen Selbstverwirklichung widmen zu können, ging auch ein Verlust der Attraktivität der Dienstleistungsberufe einher. Zumal im Servicebereich der Gastronomie. Zum Zeittrend gehörte, zumindest bisher, eine allgemein geringer gewordene Bereitwilligkeit, sich den Wünschen, Meinungen und Stimmungen anderer zu unterwerfen. Oder gar abhängig zu sein von der Leistung anderer, wie hier der Köche. Hinzu kommt noch, daß die Bereitschaft oder gar die Fähigkeit abgenommen hat, sich als Puffer zwischen unterschiedlichen Gruppen, da Küche, dort Gäste, zu arbeiten. Und Einfühlungsvermögen, psychologisches Geschick und generelle Anpassungsbereitschaft sind Fähigkeiten, die selten in Bewerbungsbögen angekreuzt werden. Spezifisch kommen unbequeme Arbeitszeiten, körperliche Belastungen, geringe Aufstiegschancen und eine vergleichsweise nicht sehr attraktive Bezahlung hin zu.

Wer soll sich da eigentlich bewerben? Zunächst als Commis, mit 17 Jahren, für ca. 1.500 DM netto im Monat? Wer entwickelt dabei dann noch Lust und gar Liebe zu diesem Beruf? Das Einkommen kann es jedenfalls nicht sein.

Zu diesem Thema sollte einmal etwas klargestellt werden: Die Einführung der sogenannten Inklusivpreise hat ein verbreitetes Mißverständnis provoziert. Wenn auf der Karte steht, daß außer der Mehrwertsteuer auch 15 Prozent Bedienung eingeschlossen sind, dann heißt das nicht etwa, daß der Kellner irgendwann eine Abrechnung des Betriebes bekommt, auf der alle 15-Prozent-Beträge seiner Gäste-Rechnungen stehen und deren Gesamtsumme er dann ausgezahlt bekommt.

Nein, dieser Inklusivpreis ist 100 Prozent Betriebseinnahme. Aus dieser Einnahme wird auch das heutzutage tariflich fixierte Mindestgehalt des

Kellners finanziert. Das war ganz früher nicht existent, dann nicht fixiert, beziehungsweise nicht so hoch wie heute, und daher war die Trinkgeldabhängigkeit der Kellner viel größer. Die Höhe der tariflichen und übertariflichen festen Gehälter ist sehr unterschiedlich, je nach Betriebsart, Betriebszugehörigkeit, Erfahrung und Position im Betrieb. Allgemein ist aber das Niveau so, daß ohne ein nennenswertes Nebeneinkommen durch Trinkgelder kein Mitarbeiter im Service angemessen leben kann.

Der Tip ist nun freiwillig und in der Höhe nicht mehr festgelegt. In manchen Positionen in einigen Betrieben ist der monatliche Betrag der Trinkgelder durchaus nicht klein. Aber das spielt unter Umständen eben auch schon wieder eine Rolle bei der Festlegung der Höhe des garantierten Einkommens.

Häufig bekommt jeder kassierende Kellner das Trinkgeld selbst, das ihm der Gast aufschlägt. Er rechnet nach Kassenbon ab. Der französisch Tronc genannte Sammeltopf, in den alle Trinkgelder, wer sie auch bekommt, bei der täglichen Abrechnung von jedem hineingezahlt werden, hat auch Nachteile. Zunächst kann die Ehrlichkeit der Beteiligten nur die starke Persönlichkeit des Restaurantchefs durchsetzen. Dann ist der Verteilungsschlüssel problematisch. Je höher die Position, desto höher der Anteil. So bekommt derjenige, der sowieso schon das höchste Grundgehalt erhält, auch noch den höchsten Anteil. Der Commis, der es am nötigsten hätte, am wenigsten. Aber auch beim Tronc gibt es viele unterschiedliche Regelungen.

Sicher ist jedenfalls: Wer es sich gönnt, in hochpreisigen Restaurants zu speisen, sollte bei seinem Entschluß, dafür zu bezahlen, nicht den Service ausklammern und da sparen.

Die Profis raten:
Arrangeure kulinarischer Konzerte

Ein wesentliches Problem des Service ahnt der Gast gar nicht. Er würde oft viel schneller richtig bedient werden, wenn der Oberkellner früher wüßte, wer der Gastgeber oder die Gastgeberin ist. Die Frage beim Hereinkommen nach dem Tisch, der auf einen bestimmten Namen reserviert wurde, sagt dem

Maître ja noch nicht, welcher der da eben eingetroffenen Gäste nun derjenige mit diesem Namen ist. Auch kann ja der Tisch von jemandem bestellt worden sein, der dann selbst aber der Eingeladene ist. Das ist wichtig, um als Gastgeber am Tisch bei den Bestellungen das Heft in der Hand zu behalten. Wer bekommt später die Weinkarte?

> Identifizieren Sie sich möglichst bald vor dem Service als Gastgeber, dann sind Sie auch im Zentrum!

*

Signalisieren Sie gleich, was Sie wollen. Woher soll ein Kellner wissen, was und wie Sie es am liebsten hätten? Besonders wichtig ist das, wenn Sie es noch nicht genau wissen. Teilen Sie dem Service Ihr Schwanken mit, er kennt die Möglichkeiten des Hauses. Und das sind mehr, als auf der Tageskarte stehen. Signalisieren Sie auch frank und frei Ihre Unsicherheit. Warum? Ein guter Berater im Service wird sich streng zurückhalten, wenn ein Gast sich erst einmal entschlossen zeigt. Weshalb sollte er durch Gegenvorschläge die Gefahr provozieren, besserwisserisch, korrigierend oder gar überheblich zu wirken?

> Locken Sie den Service aus der Reserve. Er ist nur so gut, wie Sie ihm Vertrauen schenken!

*

Wenn Sie wissen, wie Ihr Gericht vermutlich aus der Küche kommen wird, also die normale, übliche, klassische, eben richtige Zubereitungsart, und Sie mögen das gerade so nicht, dann sollten Sie das unbedingt vorher, gleich bei der Bestellung, dem Service sagen. Der gibt das schon weiter, und in der Küche wundert man sich selten. Alles ist schon vorgekommen. Durchgebratener Lammrücken und ganz weiche Nudeln. Die Küche weiß im Grunde genau, daß sie dafür arbeitet, daß es dem Gast schmeckt und nicht dem Chefkoch. Der mag meistens sowieso am liebsten ganz simple Hausmannskost.

> Äußern Sie spezielle Wünsche vorher. Nimmt der Service sie an, muß die Küche es machen.

*

Manche Vorteile genießen nur Stammgäste. So ist es zum Beispiel dem Chefkoch eines 120-Plätze-Restaurants gelungen, bei seinem Fischlieferanten eine Partie frischen Stör in erster Güteklasse, fettes weißes Fleisch, nicht trocken, zu kaufen. Aber es sind nur 15 Kilo. Das genügt bei weitem nicht, um den Stör auf die Karte zu setzen. 50 Prozent entfallen für Kopf, Schwanz und Gräten. Trotzdem greift er zu. Er hat personell etwas Luft und gerade Experimentierlaune, denn diese Kaviarspender sind in bester Frischequalität selten, sie kommen sonst in die Räucherei. Einigen seiner Gäste möchte er das bieten. Also erfährt der Restaurantchef, daß er eine begrenzte Anzahl Portionen frischen Stör anbieten darf, zum Beispiel zwei Minuten in der Küche angeräuchert, kurz auf der Grillplatte angebraten und mit kalter Schnittlauchsahne als Vorspeise. Außerhalb der Karte. Wem wird das nun persönlich offeriert? Natürlich denjenigen Gästen, bei denen der Maître auf eine interessierte und kundige Resonanz hofft. Also denen, die sich bei ihm schon als Kenner profiliert haben. Und dafür muß man sich halt schon ein paarmal mit ihm über dieses oder jenes Gericht ein wenig unterhalten haben.

> Geheimtips aus der Küche bekommen am ehesten Stammgäste! Werden Sie einer!

Über den Service kann nicht gesprochen werden, ohne sich über die Gäste zu unterhalten. Die Arbeit ist streng organisiert, körperlich anstrengend, sowohl für die Füße als auch für die Arme und Hände. Aber sie bezieht ihre Eigenart, ihre Probleme und Freuden, aus der Zwischenstellung zwischen Gast und Küche. Vermittler oder Prellbock, je nach Küchenchef. Mancher hält die Schwarzen, die Kellner, für unfähige Boten ihrer kreativen Botschaften. Und je nach Gast. Mancher hält die Kellner für subalterne Diener seiner Hoheit, des Gastes. Aus dieser Spannung können Sie Gewinn ziehen: Wenn der Service in die Not kommt, sich entscheiden zu müssen zwischen Küche und Gast, dann geben Sie ihm die Chance, sich für Sie zu entscheiden.

> Der Service ist Ihr kompetenter Vermittler zur Küche und im Zweifelsfalle Ihr Verbündeter!

*

Der Service

Jede Schematisierung ist eine Vergewaltigung der Wahrheit. Aber sie verschafft Übersicht. Die langjährige Erfahrung in guten Restaurants hat die Mitarbeiter des Service gelehrt, daß es wenigstens zwei Gästetypen gibt. Grundtypen, sozusagen, die natürlich nun noch in jede Menge Untergruppen unterteilt werden können: Der Eigenwillige, dem das Essen wichtig ist, und der Gleichgültige, dem Geschäft und Image wichtiger sind.

> Diskutieren Sie über das Essen, aber lassen Sie Ihre Umsatzstatistik im Aktenkoffer!

*

Vergessen wir den Gleichgültigen. Der Eigenwillige ist unser Mann. Er hat eine Meinung, er weiß, was er will. Das heißt nicht, daß seine Vorstellungen immer richtig sind. Aber auch nicht, daß er stets darauf beharrt. Doch er stellt sich dem beratenden Kellner als Partner. Mag sein, daß er zu der Untergruppe gehört, die versucht, durch eisige Miene und schroffen Ton jeden Zweifel an ihrer Kompetenz zu ersticken. Vergeblich, übrigens. Der Kellner schweigt nur. Dieser Untertyp vermeidet deshalb auch zwanghaft jeden Blickkontakt mit dem Kellner neben ihm. Er hat offenbar Sorge, daß der lieber Fürsten, Präsidenten und Showstars bedient. Das ist ebenso falsch wie der Versuch, den Herrenmenschen herauszukehren.

> Führen Sie mit dem Service einen freundlichen Dialog, von Mensch zu Mensch!

*

Eine andere Untergruppe, eine wesentlich angenehmere für den Service, wendet sich auch mal etwas zu ihm und sieht ihm zwischendurch einmal freundlich in die Augen. Der Blick wandert hin und her: Karte, Kellner, Gattin, Kellner, Karte und so weiter. Diese Körpersprache versteht jeder Kellner sofort: Der Gast möchte meinen Rat. Wie schön! Für den anderen ist er ein Nichts, nur Bestellbote und Tellerschlepper.

> Auch zwischen Gast und Kellner gelten alle gelernten Regeln der Körpersprache. Wenden Sie sie an!

*

Auch die Art, wie das Beenden einer Bestellung dem Kellner gegenüber abläuft, ist interessant. Sie ist ein ziemlich eindeutiger Hinweis auf das, was sich dann mit dem Essen entwickeln wird: Der eine klappt die Karte zu und sieht, froh, daß das Aussuchen vorbei ist, beim Bestellen demonstrativ weg. Kellner? Luft. Und der andere Gast? Der klappt die Karte zu, hält sie dem Kellner etwas hoch und sieht ihn an. In seinem Blick steht, daß er nun sicher ist, das Richtige bestellt zu haben und sich schon darauf freut. Und daß der Kellner, der da neben ihm steht, ihm dabei geholfen hat. Natürlich nur, wenn das auch wirklich so war. Aber wenn, dann kann auch ein Gast zum Kellner dafür danke sagen. Denn Schroffheit gegenüber dem Personal war noch nie die Art des klugen Herren. Und wenn der Gast nach einigen Besuchen merkt, daß er hier Stammgast werden könnte, und wenn der Maître sich auch richtig um ihn gekümmert hat, dann kann der Gast sich am Ausgang von ihm per Handschlag verabschieden. Nur dann und nur von ihm.

> Ein Gast dankt dem Service für die Folge der kulinarischen Konzertstücke. Die Aufführung ist Sache der Küche!

Kapitel 14
Die Küche

Ganz selten durchbricht mal ein Gast
das Service-Revier und dankt der Küche direkt
für etwas besonders Gelungenes.
Gestreßte, verschwitzte Gesichter werden strahlen:
Das war der Tisch 13!

Aus meiner Sicht:
Ein Kampf ohne Siegesfreuden

Irgendwann einmal steht jedem der Job, den er hat, bis oben hin. Dann träumt er. Oft davon, sein Hobby zum Beruf zu machen. Ich habe schon immer gern gegessen und bin zwangsläufig zum Kochen gekommen.

Ich war schon früh ein Hobbykoch. Für Berufsköche ein Greuel: voller Begeisterung, aber vom Handwerk keine Ahnung und darum schrecklicher Besserwisser. Nun, ich wollte ein Lokal aufmachen und selber kochen. So, wie ich es mir vorstellte. So jung, wie ich war, so ernsthaft wollte ich das.

Dann bin ich mit jemandem essen gegangen, der von der Sache mehr verstand als ich. Er sagte, nun würde er die Küche mal richtig auf Trab bringen. Nur durch die Bestellung:

Dieser Gast orderte für jeden Gang etwas anderes als ich, das mache doppelte Arbeit. Einen Gang mehr als ich, das verwirre: Was soll zusammen serviert werden? Einen Blattsalat mit warmen Entenbruststreifen, der falle im Handumdrehen zusammen. Eine kurzgebratene Niere, die sofort in die Soße bluten würde, wenn sie nur ein bißchen an der Ausgabe der Küche stehen bleibt. Für mich aber ein Lammkarree, das müsse nun wiederum zwanzig Minuten ruhen, bis es geschnitten werden kann. Und dann ein Soufflé zum Nachtisch, dauert zwanzig Minuten, die braune Kruste würde blitzartig schwarz, das kaschiere kein Puderzucker und das Ganze falle bei der ersten Zugluft in sich zusammen, unservierbar.

Mir hat das Essen nicht geschmeckt. Ich war total verkrampft. Es hat zwar alles doch geklappt, keine der erwarteten Pannen ist passiert, aber ich saß da, angespannt, lauernd, geradezu enttäuscht, daß nichts daneben ging. Ein Wettstreit, ein Kampf. Gast gegen Küche, die Kellner dazwischen.

Es hat keinen Spaß gemacht. Ich wußte gar nicht mehr, was ich gegessen hatte. Immer stellte ich mir vor, wie die Küche in Hektik gerät, ein junger Koch verzweifelt auf seine, das heißt meine Niere starrt, die noch nicht rausgehen kann, weil das Lammkarree noch nicht soweit ist. Schrecklich!

Das ist kein schönes Spiel, weder für den Gast noch für die Küche oder für den Service. Ich will doch Vergnügen haben, Spaß, Genuß, Gespräche, Gleichgesinnte. Gaumen und Geist sollen glücklich sein, gemeinsam.

Später hat mich dieser Freund, ich weiß jetzt, daß es einer war, in die Küche eines Restaurants mitgenommen, die abends gerade auf Hochtouren lief. Er war mit dem Koch befreundet und durfte sich mit mir eine Viertelstunde in die äußerste Ecke drücken. Ich werde das nie vergessen.

Ein Gewirr von Gestalten, in weißen Jacken und hohen Mützen, schwitzende Gesichter, ein brüllend heißer Raum, eng beieinander, grelles Licht von Leuchtstoffröhren. Es ist nicht zu erkennen, was wer da macht. Es lärmt, klappert, zischt, knallt, schrappt, gießt, hackt, keiner redet. Die Klimaanlage faucht, der Küchenchef hält Zettel in der Hand, schreit unverständliche französische Worte, haut die Zettel auf ein Nagelbord an der Wand, macht eine Ofenklappe in Kopfhöhe auf, haut sie wieder zu, ein halbes Dutzend Teller steht plötzlich auf dem Stahltisch, Kellner dahinter, im Halbdunkel, ein schweigendes schwarzes Korps, einer ruft etwas, der Küchenboß wischt mit einem Tuch an einem Teller herum, bellt etwas zurück, und dann schwebt eine gewaltig große Fläche mit Tellern und einer Blumenvase empor und verschwindet aus dem Blickfeld.

Und da draußen, im Restaurant, bei warmem Licht und gedämpften Gesprächen, hatte ich gesessen und gehofft, daß denen hier etwas danebengeht. Nein. Da wollte ich kein berühmter Koch mehr werden, sondern ein besserer Gast.

So kann's laufen:
Erfolg durch Rat, statt Flop durch Mut

Am vergangenen Freitag ist Herr Catanner zum Abteilungsleiter befördert worden. Seine Seniorchefin hat für ihn ein gutes Wort eingelegt, weil ihr Sohn, sein direkter Chef, meinte, daß er noch nicht soweit sei. Aber in dieser Firma, einem Familienbetrieb trotz seiner Größe, hat die ältere Generation noch etwas zu sagen.

Nun muß er reagieren. Hier geht man nicht so kühl-sachlich wie in großen Konzernen sofort zur Tagesordnung über. Und auch dort, hat er gehört, besinnt man sich mehr und mehr auf gute alte Sitten, Benehmen und geschliffene Umgangsformen. Man muß ja jetzt auch mit dem Ausland viel engere Beziehungen pflegen, und dort ist man oft überhaupt nicht leger.

Also will Herr Catanner seinen Chef, dessen Frau und die ihm wohlgesonnene Mutter, seine beiden nunmehrigen Abteilungsleiterkollegen mit Frauen und natürlich seine eigene Frau abends zum Essen einladen. Neun Personen.

Das hat er bisher noch nicht geübt. Mitgemacht hat er so etwas Ähnliches schon ein paarmal. Aber selbst den Gastgeber spielen? Er hat gegrübelt und geredet, mit seiner Frau, und sich nach geeigneten, wirklich erstklassigen Restaurants erkundigt. Er stellte fest, in einem war er einmal als Gast eines bedeutenden Lieferanten. Das fand er damals gar nicht so steif und vornehm, wie er zunächst befürchtet hatte.

‹Da gehe ich hin. Mit denen werde ich reden können. Ohne mich zu blamieren. Ich muß zukünftig mehr in solche … Da rufe ich jetzt an und bestelle einen Tisch.›

Ein Herr kommt zur Tür herein in das Restaurant, sieht sich genau um. Es ist noch ziemlich früh, so gegen halb sechs Uhr abends. Noch kein Gast da. Er bleibt in der Nähe des Eingangs stehen. Der Koch und offenbar der Restaurantchef im Hintergrund des Raumes hatten gerade ein Gespräch. Sie trennen sich, der Maître geht dem Herrn entgegen und fixiert ihn mit geschultem Blick:

‹Habe ich hier noch nicht gesehen. Nicht der forsche Typ. Freundlich. Vielleicht sogar etwas unsicher. Also besonders entgegenkommend sein!›

„Guten Abend, mein Herr! Was kann ich für Sie tun? Sie sind etwas früh…"

„Ich will nicht essen. Das heißt, doch, aber jetzt noch nicht. Ich habe heute abend Gäste. Da ist ein Tisch bestellt auf meinen Namen, Catanner, mit „C"."

Der Maître blättert in seinem Buch:

„Ja, da steht es, Herr Catanner, sogar richtig, mit „C", für neun Personen, 19 Uhr 30. Das ist richtig? Haben Sie vielleicht einen besonderen Wunsch, was den Tisch betrifft? Schauen Sie sich nur um, wir haben heute nicht viele Vorbestellungen. Wie wäre es zum Beispiel hier, an der Stirnseite? Ein großer runder Tisch, sehr kommunikativ. Da haben Sie auch eine gute Übersicht, und Sie sind etwas separiert. Würde Ihnen das gefallen?"

‹Wunderbar! Der Mann hilft mir!›

„Ja, das gefällt mir. Wir haben heute eine kleine Gelegenheit, etwas zu feiern. Ich habe da ein paar Gäste, die mir wichtig sind. Und da möchte ich, daß alles..."

„Herr Catanner, das ist sehr angenehm für uns, daß Sie heute schon etwas vorher hereingesehen haben. Da könnten wir vielleicht noch einige andere Kleinigkeiten vorbesprechen. Haben Sie einen Moment Zeit?"

‹Hervorragend! Ich bespreche das viel lieber jetzt hier mit dem Chef als nachher, wenn wir alle zusammen dasitzen.›

„Ja? Fein! Ich könnte Ihnen da zum Beispiel jetzt schon etwas für die Speisenfolge empfehlen, was mir eben der Küchenchef berichtet hat. Wir haben heute früh ganz frische Wallerfilets bekommen. Wie viele Gänge hatten Sie sich denn vorgestellt?"

„Nun ja. Da ist die Seniorchefin meines Betriebes dabei. Die Dame ist schon etwas älter. Topfit, aber ich weiß, sie macht nie bis in die Puppen mit. Also wir sollten so bis spätestens gegen zehn Uhr gehen können. Wie viele Gänge, was meinen Sie, können wir da in Ruhe hinter uns bringen? Und Fisch ist gut. Aber manche Ältere haben ja diese vielen Gräten nicht so gern?"

„Das paßt gut, der Waller hat ein sehr festes Fleisch und keine Gräten in den Filets, die wir servieren. Ich kann deswegen der Küche auch noch speziell Bescheid sagen."

Inzwischen hat der Maître die Speisekarte dem Herrn gegeben und schlägt ihm die Möglichkeiten einer Menüfolge vor. Dann kommt das etwas heikle Thema Getränke:

„Wollen Sie sich vielleicht auch jetzt schon mit mir über die Getränke unterhalten? Wir hätten ja noch die Ruhe dafür, wenn Sie etwas Zeit haben?"

‹Ich finde, dem kann ich reinen Wein einschenken. Der ist überhaupt nicht belehrend und arrogant. Der versteht, was ich meine.›

„Also, ich möchte beim Wein nicht in die Vollen gehen. Ich will nicht sparen, aber auch nicht protzen. Ich bin auch nicht sicher, ob das von allen so gewürdigt wird. Einer ist dabei, der trinkt am liebsten nur Bier. Pils. Das weiß ich. Es soll im Rahmen bleiben. Empfehlen Sie mir doch zwei Weine, die zu den Gerichten passen. Gut, aber mittlere Preislage. Sie kennen Ihren Keller und wissen das besser."

Der Maître ist offenbar erfreut:

‹Endlich ein Gastgeber, der mir eine klare Preis-Richtlinie gibt. Und daß er meine Empfehlung will!›

Die Weine sind ausgesucht. Die beiden trennen sich.

„Bis nachher, um 19 Uhr 30, in etwa. Ihr Tisch ist dann gerichtet, Herr Catanner."

‹Donnerwetter! Der hat sich sogar meinen schwierigen Namen gemerkt!›

Später: Herr Catanner und seine Gäste kommen. Der Maître kommt. Herr Catanner wird von ihm und dann später auch von den Kellnern mit dem Namen angesprochen. Der Tisch ist hübsch gedeckt und dekoriert, mit einem etwas größeren Strauß als die anderen Tische. Das verabredete Glas Champagner kommt ohne Zögern, sobald man Platz genommen hat. Das Essen geht los, die Weine schmecken. Der eine Herr bekommt statt des Weines sein Pils und ist glücklich. Alles läuft wie am Schnürchen.

Da hebt der Chef das Glas und prostet Herrn Catanner zu:

„Auf Ihr Wohl, mein Lieber! Ich bin sicher, daß Sie Ihre neuen Aufgaben bestens bewältigen werden!"

Hinter den Kulissen:
Konsequenz einer kompromißlosen Priorität

Hier ist, um es zu wiederholen, nicht von irgendeinem gehobenem Gaststätten-Standard die Rede, sondern nur von Spitzenbetrieben, der Prestigeklasse. Der Sprung in diese Riege von Top-Restaurants ist für den kochenden Unternehmer zunächst eine emotionelle Entscheidung: Bis auf welches Niveau seines Berufes will er sich hochschrauben? Und kann er es? Er muß eine ganz seltene Talent-Kombination in sich vereinigen, um in diesem Bereich gewinnen zu können: Idealismus, Durchsetzungskraft, Kreativität, Finanzkalkül, Menschenführung und Organisation.

Will der Koch sich darauf einlassen, wirklich einen Höchststand an Qualität zu bieten, muß er weitestgehend auf industriell standardisierte Materialien

Die Küche:
Eine hochorganisierte Kampfstätte

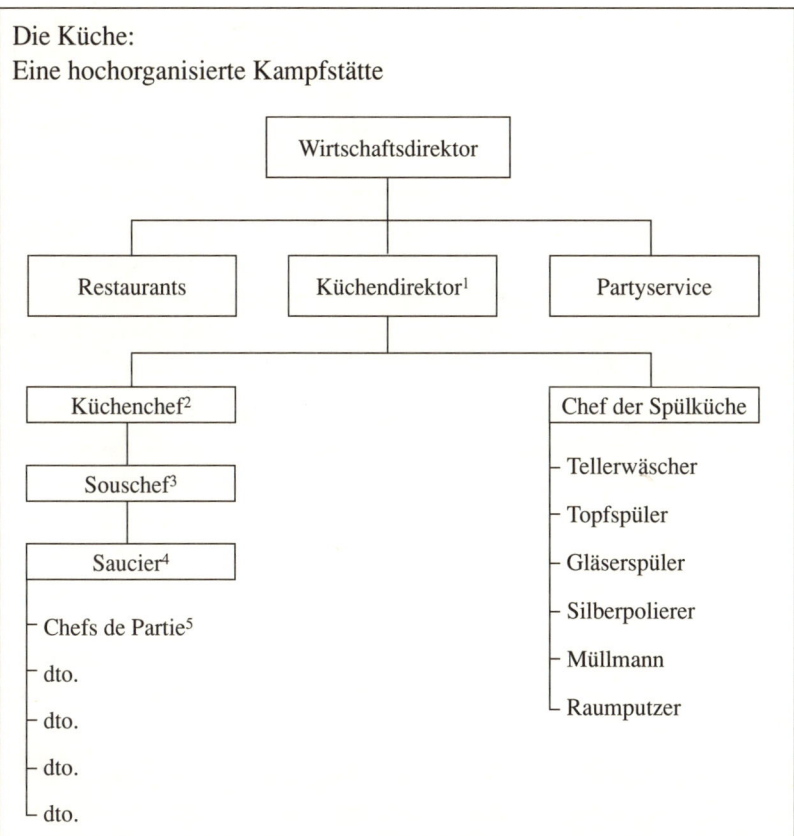

1 Personelle, organisatorische und finanzielle Oberverantwortlichkeit für alle Küchenbereiche wie Hauptrestaurant, Bankettküche und Personalküche.
2 Chef de Cuisine. Verantwortlich für den ganzen Bereich seiner Küche, leitet seine Brigade und verantwortet Einkauf, Speisekarte, Kalkulation, Hygiene, Ausbildung usw.
3 Vertritt den Küchenchef in großen Küchen.
4 Verantwortlicher Abteilungs-Koch für Soßen, Ragouts und daneben auch oft Vertreter des Küchenchefs.
5 Partie, franz. = Fachgebiet, Abteilungs-Köche mit stets französischem Job-Bezeichnungen und streng begrenzten Aufgabenbereichen, sehr unterschiedliche Anzahl, je nach Küchengröße bis zu maximal 20, ggf. unterstützt durch Commis de Cuisine = Gehilfen und Apprenti de Cuisine = Auszubildende.

und Zutaten verzichten. Er hat täglich jedes Gericht von all seinen rohen und natürlichen Bestandteilen an erneut zuzubereiten. Für jeden einzelnen Teller. Eine Arbeit, deren Ergebnis nur durch die Mithilfe einer besonders großen Anzahl von Mitarbeitern möglich ist.

In einem dieser Häuser sieht das zum Beispiel so aus: An den Tischen im Restaurant haben maximal 70 Personen Platz. In der Küche arbeiten 18 Mann, gleichzeitig. Es bestellen etwa 90 Prozent der Gäste das große Abendmenü. Das sind zwölf Gänge, rechnet man alles, was nacheinander aus der Küche kommt und auf den Tisch gestellt wird, zusammen. Also vom Amuse Geule genannnten Vorhappen bis zu dem Kleingebäck neben dem Mocca, das wird ja auch in der Küche täglich frisch hergestellt und nicht etwa gekauft. 90 Prozent von 70 = 63 x 12 = 756. Also verlassen 756 Teller in der Zeit zwischen 18.30 Uhr und 22.00 Uhr die Küche. Im Schnitt alle 16 Sekunden ein Teller. Hübsch und sauber dekoriert. Dreieinhalb Stunden lang, ohne jede Pause.

Die knapp zwanzig Mann in der Küche sind erfahrene, hochqualifizierte Kräfte. Das bringt ihnen aber gegebenenfalls überhaupt kein Geld ein. Sie arbeiten gern und hart für einen Commis-Lohn von vielleicht 1000 DM im Monat, plus Firmenwohnung und Essen. Wenn, ja, wenn es sich eben um ein Haus mit wirklich ganz großem Namen handelt. Da müssen schon eine Menge der zu vergebenden Punkte, Hüte, Gestirne und Glorienscheine beieinander sein. Aber dem werden manchmal monatlich fünfstellige Summen für einen Job angeboten, weil ein paar Jahre Arbeit in diesem Hause tatsächlich eine Garantie sind. Nicht für einen steilen Aufstieg, nur für die Chance dazu.

Doch das wird abgelehnt. Wer nicht so lerngierig, ehrgeizig, fanatisch, ja, besessen ist, daß er auch gerne umsonst dort arbeiten würde, wo er von einem der ganz Großen seiner Branche abgucken kann, wie der es macht, der schafft es nicht, dem Arbeitsdruck solcher Küche standzuhalten.

Der glühende Dogmatismus solcher Chefs, ihren Gästen alles, immer und nur in höchster Qualität und Perfektion auf die Teller zu bringen, ist von außen nicht zu ahnen. Drinnen in solchen Küchen herrscht er mit einer autokratischen Härte, die den berüchtigten Kasernendrill zum schlaffen Lotterleben degradiert.

Das und nichts anderes ist der Grund, weshalb so wenige Frauen in solchen Küchen herr-schen: So unerbittlich, erbarmungslos, ja, auch brutal widmet sich einer selbstgestellten Aufgabe eben nur sehr selten eine Frau. Doch die Notwendigkeit eines solchen Einsatzes ist, bei etwas näherem Hinsehen, offenbar.

Die Küche:
Durch Abgrenzung und Eigenverantwortung zum kollektiven Erfolg

Einige Beispiele von Abteilungs-Koch-Bezeichnungen und wofür sie jeweils verantwortlich sind:

Saucier*:	Saucen und Ragouts, ggf. Küchenchef-Vertreter
Rôtisseur:	Braten und Frittiertes
Grillardin:	Grillgerichte, Beilagen
Poissonnier*:	Fischgerichte und -suppen
Entremetier*:	Kartoffeln, Reis, Teigwaren
Légumier:	Gemüsegerichte und -soßen
Potagier:	Suppen, Eintöpfe, Beilagen
Gardemanger*:	Kalte Küche, kalte Buffets
Hors-d'oevrier:	kalte Vorspeisen
Boucher:	Vorbereitung des Fleisches
Saladier:	Salate und Salatsoßen
Pâtissier*:	Süßspeisen, Gebäck
Confiseur:	Pralinen, Zuckerwerk
Tournant:	„Springer", Notfall-Vertretung

* = Basis-Brigade einer mittleren Küche, die sich alle Aufgaben untereinander aufteilt.

Jeder hat in der Küche einen genau begrenzten, meistens erstaunlich kleinen Arbeitsplatz und seinen spezifischen Verantwortungsbereich. Niemand von den anderen kann ihm mal kurz helfen, wenn es richtig brummt und er schwimmt. Keiner.

Einer hängt vom anderen ab. Der Küchenchef ruft laut die Bestellungen in die Küche, eine nach der anderen, wie sie von den Kellnern hereinkommen, beziehungsweise wie die Gänge je Tisch abgerufen werden. Und dann muß jeder einzelne Koch wissen, was er jetzt, oder wann später machen muß, damit für diesen eben annoncierten Teller am Ende zur gleichen Minute alles beieinander ist:

Damit zum Beispiel die Soße des Sauciers ideal sämig eingekocht ist, wenn das Stück Fleisch des Rôtisseurs gerade den einzig richtigen Garungsgrad erreicht hat, das Kartoffelgratin des Entremetiers im Moment goldgelbbraunkroß ist, und zwar so, wie es nur bei Profiöfen, genannt Salamander, mit einer Oberhitze bis zu 300°C für zehn Sekunden bleibt. Nicht kürzer: zu hell. Nicht länger: zu braun. Und wenn der Légumier den Blattspinat länger als zwei Minuten anschwenkt, muß er ihn wegwerfen. Der Chef steht am sogenannten Paß und sieht sich jeden Teller selbst an, und dann erst darf der Kellner den Teller nehmen, auf das Tablett stellen und zum Gast tragen.

Die Folge dieser Abhängigkeit von der qualitativen Höchstleitung und zeitlichen Präzision jedes einzelnen von so vielen Beteiligten: das Risiko von Qualitäts- und Geschmacksschwankungen. Bei jedem Gang für jeden Gast an jedem Tag. Auf solchem Niveau ein Geschäft aufzubauen, ist gefährlich.

Finanziell läßt sich das überhaupt nicht rechtfertigen. Jede Würstchenbude in Bahnhofsnähe bringt dem Besitzer ein Vielfaches an Geld für einen Bruchteil an Arbeit und Ärger. Nicht nur relativ, sondern sogar in absoluten Zahlen.

Es gibt vielleicht einige solcher Top-Betriebe, die auf einen Bruttogewinn von vielleicht 3 Prozent kommen. 2 Prozent sind häufiger. Aber im Status der Subventionsabhängigkeit stecken die meisten. Kein Wunder, bei zirka 43 Prozent vom Brutto-Umsatz für Personalkosten. Die Bereitstellung eines Platzes im Restaurant kostet täglich an die 100 DM. Rote Zahlen sind fast unabwendbar. Und das bei Preisen, die oft sogar demjenigen Gast unangemessen erscheinen, der bereit ist, für das Image eines solchen Restaurants tief in die Tasche zu greifen. Warum?

Es ist gar nicht so schwierig, das zu verstehen, wenn man sich einmal anstelle der Rezepte in den Gourmet-Bilderbüchern die rechnerischen Fakten ansieht.

Unabdingbare Voraussetzung ist zunächst einmal, abgesehen von den technischen und personellen Investitionen, daß solche Qualitäten nur erreichbar sind, wenn von allen Materialien, die verarbeitet werden, nur das jeweils allerbeste eingekauft wird. Egal, wo es herkommt. Der neben dem Haus selbst gepflegte Kräutergarten oder der tagesfrisch eingeflogene Fisch: entscheidend ist der deutlichste Geschmack, die beste Konsistenz, die höchste Frische.

Dieser Aufwand ist die Folge einer kompromißlosen Priorität aller großen Köche: nur das Beste. Qualität, koste es, was es wolle. Diese Berufseinstellung treibt sie morgens um halb fünf aus dem Bett auf den Markt und für 16 Stunden an den Herd, an fünf oder sechs Tagen in der Woche.

Vom Erfinden und Ausprobieren neuer Gerichte und Varianten traditioneller Zubereitungen, vom Personalproblem und vom kaufmännischen Überblick ist in diesem Zeitrhythmus noch gar nicht die Rede.

Hier zwei Beispiele:

Ein Steinbutt kostet, wenn in der Bretagne oder in Irland normal angelandet wird, rund 40 DM pro Kilo für den gastronomischen Betrieb. Also bei einem mittleren Exemplar von 5 Kilo rund 200 DM pro Fisch. Nach dem Häuten und Entgräten bleiben 1700 Gramm Fleisch übrig. Daraus können als Tellergericht, fachgerecht als à la carte-Portion, im Unterschied zum kleineren Fischgang innerhalb eines Menüs neun Portionen je gut 180 Gramm gemacht werden. 200 DM geteilt durch 9 macht je Teller also 22,20 DM. Aber das ist nur der Wareneinsatzwert für den Fisch. Plus Kartoffeln, plus Gemüse, Zutaten, Fischfond, Butter kommt der Wareneinsatzwert auf ungefähr 30 DM. In Küchen von hohem Niveau kann man in etwa mit einem Faktor von 3,5 auf diesen Rohmarialwert rechnen, der notwendig ist, um sämtliche Kosten des Restaurants einschließlich Mehrwertsteuer soweit abzudecken, daß keine roten Zahlen entstehen. Alle Einkäufe für die Küche mal dreikommafünf muß die Summe der Einnahmen bringen. Das ergäbe eine Speisekartenposition: Steinbuttfilet mit Kartoffeln, feinen Gemüsen und einer Soße: 105 DM. Und das geht nicht. Die Hälfte geht. Und woher die 52,50 DM nehmen? Die Antwort: Mischkalkulation. Also etwas anderes, das preiswerter ist, wird mit entsprechend höherem Aufschlag kalkuliert.

Zweiter Fall: Das Kalb. Früher wog es 70 Kilo, heutzutage wiegen Kälber bis zu 150 Kilo, höhere Ansprüche erfüllen eher 100-Kilo-Kälber für 600 bis 700 DM. Knapp die Hälfte gehen weg durch Fell, Hörner, Hufe, Gedärme und Knochen. Bleiben 50 Kilo Fleisch. Das ist eigentlich alles gut und schmackhaft, verwertbar. Aber nicht in der Gourmetküche. Da bestellen die Gäste nur das Filet, zwei hat es, zusammen ca. 1500 Gramm, und den Rücken, ca. 4000 Gramm, nur ganze fünfeinhalb Kilo. Da in dem Restaurant für den einen Kalbsgang des Menüs vielleicht 100 Kilo im Monat davon gebraucht werden, kauft der Chefkoch keine ganzen Kälber, sondern bei seinem Fachhandel. Billiger, da er Großabnehmer ist, und doch wieder teurer, da diese Edelstücke rar sind, so etwa 40 bis 50 DM/Kilo, pfannenfertig.

Und die seltenen echten Milchkälber, die wirklich noch so schmecken, wie Kalbfleisch einmal geschmeckt hat, die es kaum noch gibt, deren Preise sind noch viel höher.

Was darf eine Taube den Gast kosten, wenn der Koch je Stück schon 18 DM bezahlen muß? Wie soll er ein zwar köstliches aber winziges Stubenküken kalkulieren, von dem der Gast nur 30 Prozent Fleisch bekommen kann und etwa 70 Prozent Knochenteil, die Karkasse, für Hühnerfond in der Küche bleiben muß?

Der Gourmet-Tempel läßt keine Kalbssülze mit Bratkartoffeln zu. Solche Gerichte würden eine ökonomischere Verwertung der gekauften Materialien ermöglichen. Aber die Gäste wollen solche Gerichte dort nicht essen.

Das Resümee ist: Diese weithin berühmten Namen kämpfen häufig am Rande des finanziellen Zusammenbruchs, oder werden unterstützt von Mäzenen, existieren als Negativfaktor in einer branchenfremden Mischkalkulation. Nur wenige schaffen es, sich eine gewisse Unabhängigkeit zu erarbeiten. Was bleibt, ist die absolut zwingende Notwendigkeit der ständigen persönlichen Präsenz an der Spitze ihrer Küchenbrigade.

Die Profis raten:
Bestenfalls ein schmutziger Teller

Wir meinen, das wichtigste an einem Restaurantbesuch ist, daß sich der Gast selbst in guter Stimmung befindet, wenn er kommt. Sonst wird das alles nichts, was schwarze Mannschaft und weiße Brigade auch immer auf die Beine bringen. Und wenn es einmal nicht so sein sollte, dann sagen Sie doch Ihrem Oberkellner einfach, daß es Ihnen heute eigentlich gar nicht gut geht, Sie sich geärgert haben und jetzt erst einmal einen Whisky wollen. Es spielt überhaupt keine Rolle, was als Essen danach kommen mag und ob das paßt oder nicht! Sie werden in dem Mann einen Verbündeten haben. Er wird sich auch in der Küche dafür einsetzen, daß Sie wieder zu Laune kommen. Das ist sein Dank für Ihr Vertrauen ihm gegenüber. So geht es.

> Zeigen Sie ruhig Stimmungsflagge. Service und Küche werden sich besser auf Sie einstellen!

*

Wenn Sie dann bekommen, was Sie bestellt haben, sollten Sie sich in solchen Restaurants wirklich prinzipiell darauf verlassen, daß alle Mann, die da hinten in der Küche für Sie brutzeln, ihr Bestes gegeben haben. Und daß die wirklich wissen, was wie gemacht wird. Natürlich gibt es stilistische Unterschiede, wie in allen kreativen, künstlerischen Berufen. Aber um nichts in der Welt hätte van Gogh gemalt wie Lucas Cranach. Auf ihre Art sind alle guten Köche van Goghs. Sie glauben an sich und an den Gast, der das erkennt.

> Vertrauen Sie einer qualifizierten Koch-Brigade, eher lernen Sie von denen als umgekehrt.

Und wenn Sie das so nicht mögen, wie der Koch es speziell auf seine Art gemacht hat? Entweder sind Sie dann ins falsche Lokal geraten. Doch von extremen Zubereitungs-Philosophien bestimmter Restaurants hat man ja meistens schon vorher etwas gehört. Das wäre dann vermeidbar gewesen. Oder Sie wollten etwas genau so haben, wie es überall üblich ist. Dann hätten Sie es vorher deutlich sagen müssen. Er hätte sich wohl dazu durchgerungen.

> Wählen Sie das richtige Restaurant. Es lohnt, sich vorher nach Eigenarten der Küche zu erkundigen.

Sie sollten sich entscheiden: Wollen Sie sich mit einem Spitzenkoch messen, oder wollen Sie den höchst denkbaren Genuß haben? Das Erstere ist unerfreulich. Berufstester sind keine Gäste, die freudig erwartet werden. Viele Köche haben Angst vor ihnen. Manche Restaurantchefs suchen gar im Hof nach Nummernschildern, die den Verdacht bestätigen, es sei ein solcher Gourmet-Prüfer im Gastraum. Doch Angst und Abhägigkeit machen keine Freude. Weder dem einen noch dem anderen. Und selbst als ambitionierter Esser stehen Sie natürlicherweise doch ohne das handwerkliche Wissen eines erfolgreichen Berufskochs da, um sich mit ihm selbst auseinanderzusetzen. Und verlassen Sie sich nicht darauf, daß der Oberkellner sich für Sie mit dem Chefkoch anlegt. Die beiden wissen: keiner kann gewinnen.

> Sie sollten mit dem Koch nicht streiten, aber schicken Sie ihm doch Ihre Meinung handschriftlich in die Küche!

Eines geht sicher nicht: Erst alles aufessen und dann, auf die Routinefrage, ob es geschmeckt hat, losmeckern. Es ist leider eine Erfahrung allerorten hierzulande, daß das mehr Gäste machen, als man glauben mag. Es ist die sicherste und schnellste Art, sich als Gast nachhaltig zu disqualifizieren. Wir empfehlen Ihnen, bei begründeten Reklamationen, und die kommen selbstverständlich leider auch vor, so vorzugehen: erster Bissen, zweiter Kontroll-Bissen, wenn möglich Tisch-Partner probieren lassen und dann sofort den Maître bitten, das Ganze in die Küche zurückgehen zu lassen.

> Probieren, konstatieren, reklamieren und innerhalb von Minuten den Teller dem Küchenchef zurückschicken!

Über zuwenig Salz läßt sich nicht streiten. Da hilft der Ruf nach dem Salzfaß, falls es fehlt. Das kommt vor, weil manche Restaurants es für beleidigend halten, daß bei ihnen vom Gast nachgewürzt wird. Zuviel Salz kommt kaum vor. Aber lauwarme Suppen sind nicht akzeptabel. Und falsch, nämlich nicht der genauen Bestellung entsprechend gebratenes Fleisch ist ein Grund zum Klagen. Doch der persönliche Geschmack und die gewohnte Zubereitung sind kein Grund zur Reklamation. Denn dafür essen Sie ja im Restaurant und nicht zu Hause. Und Geschmack sollte sich durch Erfahrung erweitern. Wenn Sie allerdings an der Dill-Soße zu den Hechtklößchen unbedingt keinen Dill haben wollen, bitte sagen! Die Küche wird zu der Soße für Ihren Teller am Schluß keinen frischen Dill zugeben.

> Wie bei der Mutter schmeckt es im Top-Restaurant nie, das wäre hier ja auch gar nicht im Sinne der Sache!

∗

Viele Gäste werden es nicht glauben, doch es ist die reine Wahrheit: Die Köche und der Chefkoch selbst sehnen sich nach einem Lob. Das stereotype

„Ja, danke!" auf das stereotype „Hat's geschmeckt?" zählt nichts. Das hört man in der Küche nicht. Es ist das Berufsleid der Köche: Sie bringen sich halb um, um das Tollste zu produzieren, und was kommt auf sie zurück? Bestenfalls ein schmutziger Teller, leergegessen. Stecken Sie ruhig einmal den Kopf zur Küche rein, und rufen Sie ein Lob in die Werkstatt, aber nur kurz. Trotz Streß werden sich alle freuen.

> Motivieren Sie die Küche mit persönlichem Lob, gleich oder später! Aber geben Sie Feedback, Sire!

Kapitel 15
Die Speisekarte

Für Gäste, die nur Gewohntes essen,
sind Speisekarten fast überflüssig.
Neues, Anderes, Variiertes bestellen ambitionierte Gourmets.
Sie vertrauen dem Koch.
Die Verständlichkeit seiner Karte ist die Basis dafür.

Aus meiner Sicht:
Rissolékartoffeln

Ich war gespannt: ein neues Restaurant, gelobt von Freunden. Ambiente elegant, teuer, aber unaufdringlich. Aufmerksamer Service. Die Karte: kein Monstrum von der Größe eines Paravans von Ludwig XIV., kein ledergebundener Band mit dem Gewicht einer Granitplatte. Sauber und übersichtlich.

Prima. Ich beginne zu lesen. Es gefällt mir, dieses und jenes, eigene Akzente, nichts Überdrehtes. Geflügel, oh ja: Coq au Vin mit Rissolékartoffeln. Coq au Vin weiß ich, mag ich. Aber Risso ... Reis? Nein, zusammen mit Kartoffeln? Das muß etwas anderes sein.

In mir sagt eine Stimme: Du verstehst eben nicht genug vom Essen für dieses Restaurant. Trotzig bestelle ich Kalbs-Paillard. Weil ich, rein zufällig, weiß, daß das ein sehr dünngeklopfes blitzartig kurzgebratenes Stück Steakfleisch ist. Meinetwegen.

Zu Hause läßt es mir keine Ruhe: Nachschlagen! Risotto ... Rissolen. Aha! Rissolen sind gefüllte Halbmondpasteten. Gibt es in vielen Arten: indisch, Lucy, Moskauer Art. Aber Kartoffelpasteten gefüllt zu Coq au Vin?

Da! Rissoli: werden mit Weizenmehl, Schweineschmalz, Hefe gemacht, gefüllt, gefaltet, frittiert. Das kann nicht sein. Also jetzt Herrn Herings Köche-Lexikon her! Unter: Kartoffeln. Kartoffeln à la riche, Ritz, Robert. Keine Rissolékartoffeln.

Vielleicht hilft jetzt noch irgendein allgemeines französisches Wörterbuch weiter: Rissole, kleine Fleischpastete, falsch, hatte ich schon. Hier: Hurra! Rissolé. Endlich!

Auf deutsch: braungelb, knackig gebacken. Pomme de terre - rissolé, auf deutsch: Kartoffeln, klein, gebacken. Also kleine neue goldgelb gebackene Kartoffeln? Jetzt weiß ich, was gemeint war: kleine Backkartoffeln.

Mein Gott!

So kann's laufen:
Sechs Gänge und die Psychologie

Ein feines, aber sehr gemütliches Restaurant. Nicht alle Tische waren besetzt. An dem einen saßen fünf Personen. Kein Geschäftsessen, man kannte sich untereinander, aber es waren gewiß keine Freunde. Dafür waren alle fünf viel zu verschiedene Typen. Die aber typisch für ihre Art. Eine Gruppe, wie man sie hier häufiger antraf. Einer der Herren, offenbar der Gastgeber der anderen vier, war dem Oberkellner gut bekannt. Man merkte es bei der gegenseitigen Begrüßung, sie waren einander sympathisch. Die Aperitifs kamen. Zwei Glas Champagner, zwei Sherry. Dem Gastgeber stellte der Kellner ein breites Glas hin:

„Und hier Ihr Whisky, pur, ohne Eis, ohne Wasser, bitte sehr, Herr Bieter!"

„Ich weiß, das tut man eigentlich nicht. Wegen der feinen Nuancen, jetzt anschließend beim Essen. Aber ich bin so kaputt, komme direkt vom Büro!"

„Aber, Herr Bieter, wenn Sie so abgespannt sind, dann schmeckt Ihnen das Essen doch überhaupt nicht. Das wäre doch schade. Zum Wohl, das wird Sie wieder aufbauen!"

‹Hier ist es eben wirklich locker. Wieso sieht mich jetzt der Moser so an? Der hat daran wieder etwas auszusetzen, wie immer. Aber das ist mir egal.›

Herr Moser nippt kritisch an seinem Champagner:

„Na ja, ich weiß ja nicht ... Ich würde das nicht trinken, vor so einem Essen ... Aber da sind ja wohl die Geschmäcker verschieden robust ... Obwohl, mein Champagner ist viel zu warm ... Und die Perlen sind ganz groß ... sicher ein billiger ... Wer weiß, vielleicht ist das gar kein Champagner ... Guter hat kleine Perlen ... Aber, was soll's ...? Die Restaurants sind nicht mehr interessiert an ihren Gästen ... Die machen schon ihr Geld. Sie werden sehen, die Preise hier ... Was soll man tun ...? Ich gehe ja eigentlich lieber in rustikale Kneipen ..."

Der Kellner hatte zwischendurch die Karten gebracht und einen Teil mitbekommen. Er kam nun mit einer offenen Flasche Champagner und fragte, ob er nachschenken dürfe, und wie beiläufig zeigte er dem Herrn Moser das Etikett. Champagner! Da ihn niemand auf Temperatur und Gasperlen ansprach, schwieg er zu dem Thema und ging wieder.

Alle fingen gleich an, in den Karten zu lesen. Nur Herr Zögert ließ sie ungeöffnet vor sich liegen und unterhielt sich weiter. Jeder entdeckte etwas, wies die anderen darauf hin, wo das steht, ein Durcheinander, ein Knäuel von kulinarischen Meinungen entstand. Herr Zögert machte die Karte nun auch auf, aber eigentlich las er gar nicht darin. Er drückte sich um einen Vorschlag und hörte nur den anderen zu:

„Ja, das klingt wirklich toll ... Man weiß natürlich nicht, wie das dann ist ... Aber wenn Sie das Risiko eingehen wollen ... Oh ja, eine aparte Sache, wenn man das mag ... Na ja, die Beilage, ob die so dazu paßt ... Gewiß, das könnte man mal ins Auge fassen ... Vielleicht steht ja auch noch etwas auf den anderen Seite ... Also ich könnte mich da auch anschließen ... Aber vielleicht mögen Sie ja gar keinen ... Ich weiß eigentlich gar nicht ... Was wollen Sie denn ...?"

Der Oberkellner war wieder am Tisch, wurde mit in die Diskussion eingeschaltet, er sagte, daß bei der Vielfalt der Meinungen und auch der Karte es vielleicht gut wäre, wenn man sich zunächst einmal auf einen Hauptgang einigen würde. Der kristallisierte sich auch heraus, davor ein kleiner Fischgang. Kurz bevor alles klar war, schaltete sich Herr Überhell ein, lächelte den Kellner an und schmiß alles um:

„Also wissen Sie, lieber Herr Ober, in Ihrer Haut möchte ich ja auch nicht stecken. Dieses Durcheinander! Sie wissen doch eigentlich am besten, was hier ... Also ich werde mich jeder Ihrer Empfehlungen anschließen ..., aber ich werde nicht den Vorreiter machen ... Ihre Küche ist so toll, da ist es ja egal, was man bestellt ... Sie haben bestimmt das richtige Gefühl, was wir nehmen sollten ... Ich werde Sie sicher unterstützen gegenüber meinen Freunden hier ... Ich kenne Ihren Laden ja hier nun wirklich schon lange ..."

Der Oberkellner fragte Herrn Überhell, ob ihm denn wirklich noch nie hier etwas vielleicht nicht so hundertprozentig geschmeckt hätte. Das wäre doch ganz normal. Und das kam dann auch. Der Oberkellner schlug jetzt chronologisch ein sechsgängiges Menü vor und hatte allgemeinene Zustimmung. Inzwischen hatten alle wohl auch Hunger. Nicht so Herr Betterweiß:

„Nun hört mal bitte zu: Herr Ober, Sie schlagen uns da etwas vor, das zwingt uns ja, auf eine Suppe zu verzichten. Wir haben jetzt vor: kalte Vorspeise, warme Vorspeise, Fisch, Fleisch, Dessert und Käse. Ich möchte aber eine Suppe. Eine kleine, aber die gehört für mich zu einem richtigen Menü. Und dann kommen wir mit diesen sechs Gängen so nicht zurecht. Ich verstehe ja etwas davon, nicht wahr. Und nun müssen wir das umstellen! Anstatt warmer Vorspeise will ich eine Suppe!"

Der Kellner gab ihm recht, weil er nicht unrecht hatte. Um für alle etwas zu erreichen, nämlich, daß er jetzt zu einer Bestellung für diesen Tisch kam, schlug er vor nachzugeben, anstatt warmer Vorspeise ein Süppchen und zwar eines, das nicht auf der Karte steht, etwas Besonderes.

Erleichtert lehnten sich alle zurück. Der Oberkellner ging ab, in die Küche. Man hörte nicht, was er hinter der Pendeltür vor der Küche seinen Kollegen im Kellner-Office sagte.

Und Herr Bieter, der Gastgeber, sinnierte, warum Demokratie eigentlich manchmal so schwierig ist. Aber das hatte ja mit dem Essen gar nichts zu tun.

Hinter den Kulissen:
Blindflug-Bestellung auf französisch

Es soll hier keinesfalls die Rede sein von koch-philosophischen Abwägungen, von qualitativen Restaurant-Graduierungen, von Auszeichnungen, von all deren Zustandekommen, deren Nutzen und deren Wahrheitsgehalt. Nein, das sind Themen die andere behandeln sollen. Wunderbare Gesprächs- und Streitthemen für alle diejenigen sympathischen Menschen, denen gutes Essen wirklich wichtig ist.

Wohl aber ist ein Ding zu erwähnen, das sich im Restaurant zunächst einmal zwischen den Appetit und das Essen stellt: die Speisekarte. Oder auch Speisenkarte, mit „n" in der Mitte. Darüber gibt es übrigens fachinternen Streit. Auch über Lesbarkeit und Ordnung sollen sich die Gemüter von anderen, nämlich Typographen, Setzern und Werbeleuten erhitzen.

Zu wenig internen Ärger aber verursacht offenbar das, was da hineingeschrieben wird. Zunächst: Den Inhalt der Speisekarte bestimmt der Küchenchef. Er ist verantwortlich für das Angebotene. Er informiert den Restaurantdirektor über die Details seiner Karte. Bestimmt werden die Gerichte jedoch durchaus nicht nur vom kulinarischen Standpunkt.

Zunächst ist das Geld mitentscheidend. Jahreszeitliche Produkte sind preiswerter zu haben als etwa Spargel im November, weil der aus Mexiko eingeflogen wird. Viele sehr teuer einzukaufende Rohmaterialien verlangen eine Subventionierung durch besser kalkulierbare Gerichte. Das Eingekaufte muß bei der Verwertung maximal ausgenutzt werden, denn die Spargel-Endstücke, zum Beispiel, sind als Mus verarbeitet eine erstklassige Basis für eine Terrine.

Dann dreht es sich natürlich um den Gast, was der erwartet und dann auch bestellt. Von der Top-Gastronomie werden hierzulande noch immer zunächst Hummer, Gänseleber, Trüffel und Kaviar erwartet. Dieses Quartett steht für Luxus, Lebensart und Leckerei. Darum ermöglichen diese imageträchtigen Materialien, lediglich als Zutaten oder Beigaben verarbeitet, für andere preiswertere Gerichte dann großzügere Kalkulationen. Auch wenn es sich nur um sehr kleine Mengen handelt, die tatsächlich auf den Teller kommen.

Gegen die Vorlieben seiner Gäste kann keiner Erfolg haben. Die Gastronomie hat nicht den Gast zu erziehen. Der Besitzer eines Restaurants sucht sich seine Klientel und versucht, ihr das zu bieten, was diese spezifisch will und akzeptiert. Hauptsache, diese Gruppe ist so groß und sein Angebot so treffend, daß er nicht Pleite macht. Eine höchst zwingende Beeinflussung der Speisekarte.

Manche Speisekarten provozieren auch Mißverständnisse oder vermitteln dem Gast überhaupt keine Information. Grund dafür sind Beschreibungen der Gerichte durch spezielle Namen, die kaum ein Gast kennt. Diese Namen stammen aus mehreren Quellen.

Die erste Quelle: Die sogenannte klassische Küche hat international für ganz bestimmte Zubereitungsarten, man nennt das Garnituren, spezielle Bezeichnungen festgelegt. Die findet man zum Beispiel in einem Kochlexikon. Das hat jeder Koch seit Beginn seiner Laufbahn bei sich. Herausgegeben vor zig Jahren von Küchendirektor Richard Hering, 952 Seiten, 12.862 Rezepte, darunter allein 567 Saucen, auf Dünndruckpapier. Diese Rezepte halten unter bestimmten Namen in Kurzform, je zwei bis höchstens sechs Zeilen, nur fest, welches Kochgut auf welche Kochart gegart und womit garniert werden muß, um so genannt werden zu dürfen. Das Wie wird vorausgesetzt.

So wird ein Rinderfilet auf Lyoner Art in jeder Küche der Welt identisch bereitet, nämlich: gebraten, garniert mit angebratenen Zwiebelscheibchen in brauner Kalbssoße, bestreut mit Petersilie, den Bratsatz mit Essig und Weißwein abgelöscht und mit brauner Kalbssoße eingekocht nebenbei serviert. Strafen gibt es bei Zuwiderhandlungen nicht. Das ist Ehrensache.

Aber diese Einengung hat natürlich auch jede Weiterentwickung verhindert. Darum hat man sie vielerorts als Dogma über Bord geworfen. Alle Gäste danken diesen Branchen-Revolutionären für ihren Mut. Doch die klassische Küche lebt immer noch. Nur halt neben den neuen Zubereitungsarten. Und wenn die klassischen Namen benutzt werden, dann wird die richtige Zubereitung auch befolgt.

Die zweite Namensquelle: Wie in der klassischen Küche, so haben auch Köche der neuen Generation eigene Kreationen erarbeitet, die berühmt und nachgekocht wurden, und die nun ihre eigenen Namen tragen oder Namen, die sie dieser Zubereitungsart gegeben haben. Das gab es auch schon früher und findet sich auch in der klassischen Küche. Zum Beispiel Tournedos à la Rossini, Erdbeeren Walterspiel oder Pommes Maxim.

Die dritte Quelle der Desinformation durch Speisekarten: Köche verwenden gerne auf ihren Karten die international in Küchen verwendete Sprache: Französisch. Diese Sprache beherrscht ein Großteil der Gäste nicht – leider, zumindest bis heute. Aber nun wird es richtig peinlich. Warum sollte ein Gast, der gutes Essen haben und bezahlen will, deswegen seine mangelnden Sprachkenntnisse zugeben? Das ist völlig ungerechtfertigt und hätte schlimme Folgen für das Restaurant, wenn diese Gäste alle wieder gehen würden, ohne etwas zu bestellen.

Aus diesen Quellen gespeist findet sich auf manchen Karten ein kulinarisches Kaudelwelsch. Manchmal sogar in falscher Rechtschreibung. Dem Gast wird eine Blindflug-Bestellung zugemutet. Vielleicht mag er das ja gar nicht, was dann da auf dem Teller kommt. Sicher, manche Küchenfachausdrücke sind kürzer, richtiger und genauer als deutsche Übertragungen. Nur, was nützt das: genau, aber unbekannt? Unbekanntes verunsichert, und unsichere Gäste machen Ärger. Es ist das Gegenteil von Kundenfreundlichkeit. Bestellen Gäste das, was sie nicht verstehen, auch nicht, dann haben sie vielleicht gerade etwas besonders Gutes versäumt. Die Speisekarte ist ein Verkaufsgespräch mit zahlenden Laien.

Die Urheber solcher Kartentexterätsel übersehen, daß eine gute Küchenleistung nicht besser wird durch Fachchinesisch auf der Karte. Sie wollen sicher nicht erreichen, daß jemand glaubt, sie wollten darüber das Gericht nur etwas teurer wirken lassen und machen, als es ist. Und bestimmt weisen sie den Vorwurf weit von sich, sie wollten durch hochtrabende Unverständlichkeit Gäste ausgrenzen und einschüchtern, um dann fast alles verarbeiten zu können, was ihnen in der Küche so gerade vor die Finger kommt. Wer etwas verkaufen will, darf nicht arrogant wirken.

Gute Köche haben das nicht nötig. Manche tun es trotzdem. Warum nur?

Die Profis raten:
Aufklärung ohne Scheu vorm Detail

Wenn Sie in ein Gourmet-Restaurant gehen, glauben Sie ja nicht, Sie seien ausschließlich von hochkarätigen Fachleuten der gehobenen Küche umgeben. Die meisten anderen Gäste gehen, wie Sie, ab und zu einmal dorthin. Zu speziellen Anlässen, aus der momentanen Laune heraus, um sich und anderen die Freude des Besonderen zu machen. Es gibt zwar Gäste, die jede Mahlzeit nutzen, in solchem Ambiente so exklusiv zu essen. Aber wer will schon immer Champagner trinken, wenn er Durst hat? Also, nehmen Sie ruhig an, neun von zehn Gästen sind wie Sie: ambitionierte Esser, denen das Exklusive gelegentlich Freude macht, die aber durchaus noch dabei sind, ihr kulinarisches Wissen zu erweitern. Kein Grund für Unsicherheit und Ehrfurcht, steifes Benehmen und Flüsterei. Feiern Sie die Gelegenheit. Der Frack des Kellners soll Sie ehren, aber nicht dämpfen: Sie sind nicht bei Hofe.

> Keine Scheu! Große Köche lieben fröhliche, laute Tische, an denen mit Genuß gegessen wird, nicht mit Etikette.

∗

Die Speisekarte

Selten, aber es gibt sie: Köche, die wollen die Gäste auf Distanz und für sich Freiraum halten. Das geht ganz einfach. Er packt seine Speisenkarte voll mit unbekannten, fremden und fachinternen Bezeichnungen oder eigenen Erfindungen. So ist die Küche nicht festzulegen. Denn kein normaler Gast kennt diese Ausdrücke, oft genug nicht einmal der Service. Fragen Sie darum ruhig und ohne jede Scheu den Kellner sofort, was das ist, was da steht. Sie werden erstaunt sein, wie viele das selbst nicht, jedenfalls nicht genau wissen. Und wie recht Sie gehabt haben, danach zu fragen. Denn eine Bestellung ist ja kein Preisrätsel für den Gast, und die Speisekarte ist keine Hausmitteilung des Chefkochs an einen Kollegen.

> Lassen Sie sich nicht einschüchtern, sondern aufklären! Es könnte ein Detail sein, an dem Sie Geschmack finden!

Lassen Sie sich Zeit mit dem Studium der Karte. Suchen Sie so lange, bis Sie wirklich das gefunden haben, wonach Ihnen am meisten ist. Wenn Sie mit der Auskunft des Service nicht ganz zufrieden sind, oder wenn Sie eine besondere Variante eines Gerichts interessiert, bitten Sie den Kellner, das in der Küche zu klären. Diese Mühe ist ihm zumutbar, und sie erspart beiden, Ihnen und ihm, spätere Mißliebigkeiten.

> Sorgfältige Lektüre und Klärung von Ungewissem beschert Ihnen optimalen Genuß!

Lassen Sie sich trotzdem nicht die Speisekarte sofort aus der Hand reißen. Ein unschöner Abbruch der Beschäftigung mit dem Angebot dieses Restaurants. Es gibt sicher genug Karten für alle Tische. Gourmets unterhalten sich stets beim Essen weiter über das Essen. Nach der Bestellung, wenn Sie sich mit dem Maître beraten haben, steht ja immer noch eine Menge auf der Karte, was Sie sich doch noch nicht so genau angesehen haben. Ändern Sie Ihre Bestellung nicht, aber Sie wollen sich ja vielleicht für das nächste Mal informieren oder auch schon mal nach einem Dessert schauen. In Restaurants, die Sie noch nicht so gut kennen, ist diese Aufmerksamkeit gegenüber dem Angebotenen sogar wünschenswert, sowohl für Sie als auch für die Küche.

> Kein guter Koch macht seine Speisekarte husch, husch. Geben Sie ihm die Ehre Ihrer Aufmerksamkeit!

Natürlich, irgendwann stört die Karte auf dem Tisch. Er ist voller Teller, Bestecke, Gläser, Menagen, Vasen und Kerzenhalter. Und vor Ihrer Nase, auf dem Teller, eine hochragende Serviette. Eine Serviette so schön emporzufalten ist eine Kunst, die junge Serviceleute mühsam lernen müssen. Es ist eine der kleinen, täglich immer wieder erneut zu machenden, aufhaltenden Übungen, die zum sogenannten mis-en-place gehören, zum Tischdecken, würde die Hausfrau sagen. Der Anblick eines Tisches oder einer Tafel wird dadurch besonders schön und feierlich. Aber sie stört, wenn man erst einmal sitzt. Darum zerstören Sie diesen Damastaufbau, wenn Sie sich gesetzt haben, und breiten Sie ihn auf dem Schoß aus, er soll ja nur vor Flecken schützen. Gleich kommt sowieso jemand und will Ihnen etwas auf den Teller stellen, da müßten Sie Ihren Stoff-Fächer-Schwan sowieso selbst vorher wegnehmen, so schön er auch ist, und auch Ihre Speisekarte abgeben, so interessant sie auch sein mag.

> Wenn Sie die Serviette vom Teller nehmen, dann weiß der Service, daß man sich nun um Sie kümmern soll!

Die häufige Frage, ob das viel ist, was Sie da auf der Karte gerade ins Auge fassen, meint die Portionsmenge. Gehen Sie davon aus, daß es nicht zuviel ist. Einmal: Die Ikebana-Küche mit ihren Bonsai-Portiönchen ist zwar vorbei, aber deswegen wird in den Küchen immer noch nach Gramm gerechnet und nicht nach Pfund. Weiter: Der Maître berät Sie ganz von sich aus, wenn Sie sich zu viel vornehmen, spätestens wenn Sie Ihr Menü fertig zusammengestellt haben. Zum anderen: Schieben Sie dem Kellner nicht die Schuld für Ihr Gewicht zu, Sie müssen die schreckliche Balance zwischen Appetit und Figur leider selbst halten. Anders, wenn Sie wirklich sehr leicht essen wollen, dann suchen Sie gleich den Rat des Maître, er rät Ihnen zu einer Zusammenstellung, die vielleicht nicht einmal so auf der Karte steht.

> Signalisieren Sie bei der Auswahl nach der Karte gleich Ihre Vorstellungen von den Quantitäten!

*

Wenn Sie die Küche des Restaurants kennen, und wenn Sie deshalb Vertrauen haben, dann sollten Sie sich für das Menü entscheiden. Natürlich nur, wenn die Details Ihrem prinzipiellen Geschmack entsprechen. Nach unserer Erfahrung weiß der Küchenchef wirklich am ehesten, was gut harmoniert und nacheinander zusammenpaßt. Er muß ja von dem ausgehen, was er in der Küche hat. Und das Menü ist eigentlich seine Visitenkarte. In diese Speisenfolge investiert er sein Wissen, sein Können und seine Kreativität. Sie werden mit seinem Menü, je mehr Gänge, desto eher, am besten seine spezifischen Fähigkeiten kennenlernen. Und auch etwas Neues entdecken. Das glückliche kulinarische Abenteuer beginnt mit dem Vertrauen. Manchmal ist das Restaurant nicht voll, die Küche nicht überlastet, der Chefkoch auch wirklich da. Dann geben Sie ihm freie Bahn für ein Menü, wie er es gut findet. Vielleicht sogar ohne vorherige Festlegung. Ist er gut, machen Sie ihn glücklich!

> Riskieren Sie die Order, der Chefkoch solle Ihnen fünf Gänge kochen, die ihm heute Spaß machen!

Kapitel 16
Der Wein –
Der Käse

Viele Gäste demonstrieren bei der Wahl
von Wein und Käse ihre Fachkompetenz.
Oft zeigen sie nicht die Bereitschaft,
auch andere Empfehlungen anzunehmen.
So behalten sie recht, versäumen aber das Optimale.

Aus meiner Sicht:
Der Kenner ist des Kenners Glück

Kennengelernt habe ich ihn beruflich. Wir haben uns nicht sehr gemocht, obwohl wir viele Berührungspunkte hatten, auch private. Eigentlich nur private.

Er aß leidenschaftlich gerne gut. Da trafen wir uns. Wir sind einige Male essen gegangen, und es war die reine Freude festzustellen, wie gut er Bescheid wußte. Sein Französisch war, für meine Begriffe, blendend. Seine Kenntnisse von Küchendetails imponierend.

Ich hielt mich daneben dadurch über Wasser, daß ich besser kochte. Zumindest hatte ich mehr Mut. Ich ging an neue Rezepte, die ich noch nie ausprobiert hatte, lud vier Leute ein und kochte das für sechs Personen. Zusammen mit meiner Frau. Die unterstützte mich, das Risiko einzugehen. Sie lud die Freunde ein, die mir auch verziehen hätten, wenn es nicht so toll geworden wäre. Er lebte allein. Vielleicht lag es daran.

Eines Tages fuhren wir gemeinsam ins Elsaß. Er, mit seinem Französisch, war der Maître de Plaisir, er wußte auch schon, was wo bei wem wie am besten ist. In einem bekannten Haus an einem bekannten See hatten wir einen Tisch bestellt.

Es war ein großes Erlebnis. Damals wurde gerade die deutsche Mampfküche niedergewalzt von den zarten Arrangements erlesener Eß-Miniaturen französischer Köche.

Wir drei schwelgten. Viele kleine Geschmackssensationen umschmeichelten unsere Zungen. Wunderbar!

Vor dem Essen allerdings begann ein Dialog zwischen dem Geschäftsfreund und dem Sommelier. Es war erstaunlich, die beiden zu beobachten. Sie gerieten in eine leidenschaftliche Unterhaltung. Es waren keine Gegensätzlichkeiten, nein, es war offenbar eine gegenseitige Übereinstimmung, die beide gleichermaßen überraschte und glücklich machte. Es fielen Namen, von denen hatten meine Frau und ich noch nie gehört. Die beiden wußten aber offenbar nicht nur, über welche Rebe, welches Weingut, welche Lage und welchen Jahrgang sie sich unterhielten, nein, sie wußten auch, wie er schmeckte, wozu er paßte, wozu nicht und welcher andere Wein vielleicht besser...

Der Freund strahlte. Aber der Sommelier erst! Dem stand das Glück auf das Antlitz geschrieben. Fern aller Besserwisserei und Belehrung hatten sich zwei Kenner getroffen.

Wir erfuhren nun, daß unser Begleiter in seinem Berufsleben das jahrelange Glück eines guten Jobs im Ausland hatte, der in der Nähe hochberühmter Weinlagen lag. Und dort ist er mit dem Auto herumgefahren und hat überall die Weine probiert, getrunken, gekauft und so richtig kennengelernt. Damit fing es an. Er hatte eine enorm breite Basis, auf der er seine weiteren Weinerfahrungen der nächsten Jahre vergleichend aufbauen konnte.

Als das Essen sich nach dem Dessert – dreierlei Mousse au Chocolat, ich erinnere mich genau, braun, weiß und schwarz – dem Thema Käse näherte, schob ein Kellner, den wir vorher noch nicht am Tisch gesehen hatten, einen Rolltisch heran. Der war mit einer riesigen durchsichtigen Haube abgedeckt. Darunter lag Käse, etwa 40 verschiedene Sorten. Alles solide Stücke. Eine Schatzkammer. Ein Vermögen. Eine Überhöhung des Luxus.

Der Kellner dahinter öffnete die Haube und ein Duftstrom voller Kraft und Würze entfaltete sich, überdeckte sanft, aber unnachgiebig unsere Sattheit. Und neuer Appetit stellte sich ein. Und Neugierde.

Unser Freund parlierte nun mit diesem Mann ebenso wie am Anfang mit dem Sommelier. Er kannte die Täler, in denen dieser Käse gemacht wurde, nannte Berge und wußte, welchen Wein man dort dazu trinkt, wo er gemacht wird. Der Käsekellner erzählte, deutete mit seinem schmalen Messer auf diese und jene gelblich-weiße-rot-graue Köstlichkeit. Es war für ihn ganz offensichtlich ein glücklicher Tag.

Auch für uns drei. Kellner und Gäste vereint im Glück gegenseitigen Verstehens. So etwas habe ich nie wieder erlebt.

Und seitdem sage ich immer: „Bitte, empfehlen Sie mir etwas, ich verstehe leider nichts vom Wein. Und auch nicht vom Käse."

So kann's laufen:
Es war kein Roter in Montrachet

Das Paar an Tisch sieben hatte nur eine Kleinigkeit gegessen. Es ist noch relativ früh am Abend. Der Herr bittet den Sommelier zu sich:

„So, wir sitzen hier sehr schön, und wir haben Lust, jetzt wirklich in Ruhe einen guten Tropfen zu trinken. Was würden Sie denn empfehlen?"

Seine Frau lächelt. Sie weiß, daß ihr Mann eigentlich gar kein so großer Weintrinker ist. Erfreut öffnet der Sommelier seine Karte:

„Ich finde, Sie hatten ja zum Essen nur einen ganz leichten offenen Wein, nun sollten Sie einen Burgunder ins Auge fassen."

Der Gast sieht seine Frau an und fragt:

„Hättest Du Lust auf einen Roten?"

„Ja, wunderbar. Haben Sie auch einen von der Côte d'Or? Die sind doch besonders gut?"

‹Meine Güte! Wie schön! Die Gäste verstehen etwas von Wein. Ganz gewiß jedenfalls die Dame!›

„Da haben Sie ganz recht, gnädige Frau! Gerade von dort kommen wuderbare Weine. Wir haben aus der Gegend Flaschen im Keller, die ich Ihnen wirklich empfehlen kann. Wie hatten Sie sich denn die Preislage gedacht, mein Herr?"

„Ach, wir werden da heute sicher nicht kleinlich sein. Ich finde, wenn gut, dann richtig gut, nicht wahr, mein Schatz?"

‹Lieb, wie er auf mich eingeht. Nach heute genau zehn Jahren Ehe. Der Sommelier soll uns raten.›

„Wir sind nämlich in einem schönen Urlaub von Dijon nach Lyon gefahren und haben uns an fast jedem Rebstock aufgehalten, mir zuliebe."

„Wie wäre es denn mit einem Meursault? Den haben Sie auf der Reise dann doch gewiß auch probiert!"

„Ja, natürlich. Ach, erinnerst Du Dich? Da sind wir doch auch noch, gleich daneben, in dem Dorf gewesen, wie hieß das noch? Nur ein paar Kilometer ..."

„Montrachet! Den Tip hatte uns der nette Gast gegeben, den wir in Pommard getroffen hatten. Montrachet! Aber das war kein Roter!"

„Stimmt! Mein Mann hat recht. Er trinkt zwar oft lieber ein Pils, aber das stimmt. Das war ein Weißer. Ein Grand Cru. Wenn Sie den hätten, dann will ich keinen Roten, sondern den!"

Der Sommelier jubelt innerlich. Er kann der Dame etwas ganz Besonderes bieten:

„Oh, da habe ich wirklich Glück, da kann ich Ihnen wirklich eine Freude machen! Ich habe noch einige wenige Flaschen Puligny-Montrachet, allerdings ein Premier Cru. Etwas preiswerter, aber auch wundervoll!"

Die Dame strahlt, schaut ihren Mann an und dann wieder den Sommelier. Dessen Blick geht zu dem Herrn. Der grinst etwas und meint:

„Wissen Sie, das ist nicht von meiner Meinung abhängig. Wenn meine Frau diesen Wein jetzt gerne möchte, dann bekommt sie ihn. Da sind wir ganz gleichberechtigt. Jeder darf das trinken, wo nach ihm gerade ist. Und: Sehen Sie, die Entscheidung meiner Frau ist doch offensichtlich schon gefallen. Wir nehmen eine Flasche!"

„Sie haben da einen der besten Weine unseres Kellers ausgewählt. Ich bedanke mich!"

Der Ehemann freut sich, daß seine Frau sich freut und entschließt sich:

„So, und nun bringen Sie meiner Frau noch ein wenig Brot und später noch einen entsprechenden Käse. Wir haben Zeit. Sie trinkt nämlich diesen Wein allein, ich stoße mit ihr nur mal an. Es wäre viel zu schade, wenn ich ihr den wegtrinken würde. Gibt's auch eine halbe Flasche? Ja? Wunderbar! Und mir bringen Sie bitte ein Pils! Und dann auch etwas Käse, aber einen anderen, der zum Bier paßt."

Der Sommelier geht. Auf dem Weg zum Keller denkt er:

‹Das ist aber ein nettes Ehepaar! Er ist ganz ungezwungen. Aber sie versteht wirklich was von Wein, alle Achtung! Solche Gäste wünsche ich mir häufiger ...›

Hinter den Kulissen:
Finanzielle Rücksichtslosigkeit

Über Geschmack läßt sich nicht streiten. Sagt man. Aber auf Wein und auch auf Käse trifft das offenbar nicht zu. Wie engagiert läßt sich über Wein diskutieren, wie begeistert wird ein Käse gepriesen. Es gibt ja auch keinen quantifizierbaren Maßstab. Wohl aber qualitative Kompetenzen:

Es gibt in Deutschland etwa 200 Weinkellner, die staatlich geprüft sind und sich Sommeliers nennen. Man erkennt sie an einer silbernen Traube am Revers, dem Abzeichen ihrer Fach-Union. Auffälliger ist das silberne Taste-vin. Das ist ein silbernes Schälchen zum Kosten des Weins, das an einer Kette um den Hals getragen wird. In seinen runden Dellen spiegelt sich die Färbung des Rotweins, in den seitlichen Rillen der Grünton von Weißwein besonders gut.

Die Qualifikationsansprüche dieses Berufsstandes sind enorm und verlangen Begabung. Es gibt in Deutschland eine Spezialschule, in der über ein Jahr hinweg an die 1500 Weine verkostet werden. Bei regionalen Weinproben können an einem Tag über 60 verschiedene Weine zur Degustation stehen. Die Lernenden, Schüler klingt zu jung, müssen auch vier Monate aktiv selbst im Weinbau und in einer Kellerei arbeiten.

Das ist nur der Anfang. Dann wird ein Leben lang verkostet, verglichen, beurteilt. Und beschrieben. Allein um das zu können, muß ein sehr umfangreiches Spezialvokabular beherrscht werden, das ganz bestimmte Nuancen bezeichnet.

Diese ergeben sich aus den Eindrücken der drei Sinne: Augen, Nase und Mund. Sie beurteilen das Aussehen nach Klarheit, Farbintensität, Farbe und Konsistenz, den Duft nach Wirkung, Aroma und Bukett sowie den Geschmack nach Süße, Gerbsäure, Körper, Abgang und Ausgewogenheit. Aus alledem ergibt sich dann noch der Charakter des Weins. Das sind allein fünfzehn Analyse-Kriterien, die beschrieben werden wollen, je Wein.

So wird die Beurteilungsbasis des Sommeliers im Laufe der Jahre immer weiter, breiter und tiefer. Er kennt gewiß, erinnert sich meistens und wiedererkennt sogar bei Blindtests häufig all die Kriterien, die auf dem Etikett eines Weins verzeichnet sind: Erzeuger, Abfüller, Anbaugebiet, engerer

Anbaubereich, Lage, Rebsorte, Qualitätsstufe, Geschmacksangabe und Jahrgang.

Er weiß natürlich alles über die Weine des Restaurantkellers, in dem er tätig ist. Dort lagern, auch abhängig natürlich von der Platzzahl des Restaurants, Flaschen im Verkaufswert so um die halbe Million Mark. Nennenswert weniger oder billiger geht's nicht auf diesem Niveau.

Der für den Wein Verantwortliche kauft den Wein auch ein. Kein leichtes Geschäft, denn Kellereien gehen immer mehr dazu über, ihre Kosten wenigstens teilweise auf den Gastronomen abzuwälzen. Als Beispiel: Ein guter Bordeaux muß eben acht bis zehn Jahre im Keller liegen, bis er verkauft werden kann. Dieses tote Kapital schlägt auf den Preis. Es gibt jetzt preiswertere Subskriptionslisten, mit denen ein Restaurant die beispielsweise benötigten 600 Flaschen eines bekannten Château bei dem Importeur ordert. Ein erster Teil wird gezahlt bei Vorlage der Subskription, zum Beispiel für einen '92er im April '93, wenn man den Trend der Entwicklung des Weines ermitteln kann. Die zweite Zahlung erfolgt nach einem Jahr Ausbau im Faß bei der Abfüllung auf Flaschen Anfang '94. Und den Rest bei Lieferung, etwa Mitte '95.

Der Sommelier prüft und verfolgt die Entwicklung seiner Weine. Die kennt dann eben nur er. Und er kennt auch ganz genau die Küche dieses Hauses. Welche Würz-, Intensitäts- und Kombinationseigenheiten dieser Koch hat. Er kann aufgrund dieser ganz individuellen Erfahrungen schon vorher sagen, welcher Wein zu welchem Gang paßt. Man darf es sagen: Kein Gast kann das so gut können wie er.

Es gibt Ausnahmen, hier wie dort. Auf knapp 10 Prozent schätzt man intern die Gäste, die mit ihrem Wein-Wissen auf Sommelier-Niveau mithalten können. Alle anderen Gäste haben Erfahrungen, die auf einer schmaleren Basis beruhen. Mehr oder weniger, zwangsläufig. Es gibt auch hochgradige Kenner im Service, die zwar keine staatlich geprüften Sommeliers sind, denen aber in nichts nachstehen. Es soll auch Sommeliers geben, die ihre Überlegenheit überbetonen.

Nicht ohne Grund wird hier von Wein und Käse in einem Kapitel gesprochen. Mit der Vielzahl und Vielfältigkeit von Weinen kann der Käse nämlich durchaus mithalten. Der Übergang ergibt sich mit der Frage: zum letzten Wein einen passenden Käse oder zum Käse noch einen harmonierenden Wein?

Seit 5000 Jahren machen die Menschen Käse. Das weiß man, seit Tonscherben aus Ägypten archäologisch mit modernen Methoden untersucht wurden. Heute schätzen Fachleute die Käsearten weltweit auf etwa 4000. Die meisten Käsesorten, so sagt man, stellen die Franzosen her, es werden 352 genannt. Gegessen wird der meiste Käse in Griechenland, aus Schafs- oder Ziegenmilch, ein Weichkäse. Aber außerdem gibt es ja noch Hart-, Schnitt-, Frisch-Käse aus Süßmilch und Sauermilch. Man unterscheidet noch nach dem Fettgehalt Mager-, Viertelfett-, Halbfett-, Dreiviertelfett-, Fett-, Vollfett-, Rahm- und Doppelrahmkäse. Ähnlich dem Wein variieren Ausgangsstoffe, Bereitung, Reifung und Lagerung das endgültige Produkt in Größe, Aussehen, Konsistenz und Geschmack.

Hervorragende Käsehandlungen gibt es inzwischen auch bei uns. Manche der in guten Restaurants angebotenen Käse werden noch von kleinen Sennereien mit der Hand gemacht, häufig entdeckt bei Wein-Einkaufsreisen des Gastronomen zu Winzern. Ein Genuß, den dann außer den Einheimischen des Herstellertals nur noch seine Gäste haben können.

Wer soll sich mit dieser Variationsbreite auskennen, außer einem hochgradigen Spezialisten? Was Wunder, daß es auch den Käsekellner gibt. Selten in Deutschland, häufiger in Frankreich. Der kommt dort übrigens oft bevor die Süßspeise serviert wird. Bei uns wird der Käsewagen meistens nach dem Dessert angerollt. Allerdings wollen zwei von drei Gästen gar keinen Käse als Abschluß haben.

Bei der eben aufgezählten Vielfalt von Arten ist es kein Wunder, daß ein Restaurant, das auf sich hält, an die 30 Sorten auf seinem Wagen unter der großen Plexiglasglocke dem Gast präsentiert, Verkaufswert etwa 600,– DM. Das wäre ja nicht so erschütternd, man kommt mit sechs Flaschen Wein ja auch auf diesen Betrag. Aber beim Käse ist ein Problem zu berücksichtigen.

Käse reift offen – so vor sich hin, immer weiter, überall, auch im Restaurant. Zwar steuerbar durch Temperatur und Luftfeuchtigkeit, aber nur in Klimaschränken, die kaum jemand hat. Die Reifung ist bremsbar, aber nicht zu stoppen, und dann ist er irgendwann fertig. Und rasch wird er zu alt. Das merkt man beim Käse sehr deutlich. Nicht nur Fachleute, auch die Gäste: der eine trocknet aus, der andere läuft davon, vorher ist er zu jung.

Jetzt kommt das Problem: Die Zeit dazwischen, während der man den Käse als reif, also gerade richtig bezeichnen kann, dauert nur ein paar Tage. Bei einigen Sorten auch länger, aber bei anderen sogar nur zwei Tage.

Das läßt den kochenden Unternehmer überlegen, ob er das Risiko eingehen will, wegen seiner großen Käseauswahl alle paar Tage einen Teil dieses teuren Angebotes in der Küche wiederzufinden – unverkauft. Als Rohmaterial noch gut, aber wofür? Natürlich kann er Birne mit Roquefort, Brie mit Apfel oder Parmesanplätzchen machen. Aber das schafft weder die Mengen weg, noch verbessert es die Mischkalkulation. Rationeller und für den Gast auch übersichtlicher wären viel weniger Sorten von unterscheidlichen Arten.

Doch so bleibt es ein Zeichen finanzieller Rücksichtslosigkeit sich selbst gegenüber, wenn der Gastronom am Ende eines Menüs einen großen, gepflegten Käsewagen an den Tisch rollen läßt. Sein letzter Beweis der Bemühung um höchste Qualität und feinste Geschmacksnuancen.

Die Profis raten:
Wer die Wahl hat ...

Wir sind sicher, daß jeder, der etwas vom Wein versteht und daher weiß, wie komplex dieses Gebiet ist, ein Beratungsgespräch beginnt. Eine spontane klare Bestellung führt notwendigerweise nur dazu, daß der Weinkellner den Gast bei seiner Entscheidung läßt, wie falsch sie auch sein mag. Denn würde er eingreifen, würde er ja seinen Gast belehren. Ungefragt ist das unverschämt und blamabel für den Gast. Also läßt er ihn dabei.

> In jedem Fall bittet der Gast um Wein-Beratung, andernfalls versäumt er vielleicht einen besonderen Genuß!

Der Gastgeber, der ja als einziger die Weinkarte bekommt, muß wohl oder übel die Meinungen an seinem Tisch von den einzelnen Gästen einholen, nach welcher Art von Wein ihnen zumute ist. Es ist seine Aufgabe, dann eine entsprechende Zusammenfassung der Meinungen dem Sommelier weiterzugeben. Von dem wird ihm sicher auf elegante Weise geholfen, zu einem geeigneten Kompromiß zu kommen. Es hilft dem Weinfachmann sehr zu erfahren, welche Geschmacksnoten der Gast mag oder nicht mag.

> Geben Sie dem Sommelier nur die vage Richtung an, und er wird mit Ihnen die Entscheidung herbeiführen!

Die Preise auf den Weinkarten haben bekanntlich eine besonders große Bandbreite. Es ist daher notwendig, daß der Sommelier rasch erfährt, in welcher Preiskategorie er empfehlen soll. Es ist sehr einfach, dem Sommelier das ganz klar zu machen: Schauen Sie in die Karte und fragen Sie einfach, was er denn von einem bestimmten Wein hält, und nennen Sie den Namen eines Weins, der Ihrer Preisvorstellung entspricht. Wir versichern Ihnen, daß er sofort kapiert. Da Ihre Gäste drumherum ja nicht wissen können, was der Wein, den Sie genannt haben, kostet, ist das auch sehr diskret.

> Kleiden Sie Ihre Preisvorgabe in eine Frage nach einem entsprechenden bestimmten Wein der Karte!

Lassen Sie sich nicht von der Vielzahl unterschiedlicher Glasformen irritieren. Der Barchef unterscheidet allein etwa 15 verschiedene Typen für die unterschiedlichen Drinks. Beim Wein und Sekt kommt man mit zehn Grundtypen aus. Allerdings gibt es da zwei gegenläufige Entwicklungen: die eine verfeinert die Glasformen noch weiter, so daß Sie für bestimmte Anbaugebiete spezielle Gläser haben können, außerdem schmücken viele schöne Gläser die Tafel ungemein. Die andere versucht, die Formen zusammenzufassen, weil sie von zu wenigen Gästen erkannt und gewürdigt werden, eher Verwirrung stiften, und weil viele empfindliche und teure Gläser für den Gastronomen die Investitions- und Ersatzkosten weiter erhöhen.

> Da Ihnen sowieso alles eingeschenkt wird, können Sie gelassen beobachten, was in welches Glas gehört.

Niemand wird bestreiten, daß es Flaschen gibt, deren Korken nicht in Ordnung sind. Es kann auch die Temperatur des Weins um ein oder zwei

Grad schwanken. Beides stellt sich erst heraus, wenn Sie den Wein in Ihrem Glas haben. Wenn also dem Gastgeber der Probeschluck irgendwie problematisch oder seltsam erscheint, sollte er das konstatieren und den Weinkellner bitten, einen Schluck zu nehmen und seine Beurteilung zu geben. Es ist übrigens nicht korrekt, wenn der Sommelier ungebeten vor dem Gastgeber als erster probiert, besonders nicht bei sehr teuren Weinen. Führen Sie dann ein vertrauensvolles Gespräch mit dem Weinkellner. Rügen macht Ärger, Vertrauen motiviert. Sie haben in jedem Falle einen objektiven Gesprächspartner.

> Prüfen Sie eventuelle Mängel gemeinsam mit dem Sommelier. Er ist eine Vertrauensperson!

So ausführlich wie beim Wein müssen Sie mit einem Käsekellner nicht diskutieren. Es geht ja auch um weniger Geld. Der Käse ist im Menü einkalkuliert. Es ist also egal, ob Sie viele oder wenige Sorten auswählen oder gar nur eine einzige. Sie bestimmen die Anzahl, die Menge und natürlich die Geschmackslage.

> Beim Käse haben Sie haben die freie Wahl. Sie können auch ganz verzichten.

Eine sichere Möglichkeit der Auswahl ist: Lassen Sie sich zum Beispiel vier Sorten geben, die von mild nach scharf gehen und im Charakter recht unterschiedlich sind. Damit kann der Käsespezialist etwas anfangen. Nennen Sie ihm auch konkrete Namen einzelner Sorten, die Sie mögen oder auch nicht mögen. Das leider oft übliche Tippen auf einen Käse und dazu die Nennung des Namens helfen einem Gast natürlich gar nichts. Bitten Sie darum, daß er Ihnen das Rohprodukt nennt und den Geschmack charakterisiert.

> Auch beim Käse muß niemand sich etwas geben lassen, wovon er nicht wenigstens ahnt, wie es schmeckt!

*

Wenn Sie den Käse wählen, haben Sie zwei Möglichkeiten: Entweder er muß zum Wein der letzten Flasche passen, dann lassen Sie gegebenenfalls die Verantwortung den Käsekellner tragen. Oder Sie wollen zum Käse noch eine Flasche öffnen lassen. Das ist häufig eine sehr gute Idee zum Abschluß, wenn genügend Personen am Tisch sitzen. Zum Käse passen viele Weine, die man zu anderen Speisen nicht trinken kann. Dann bitten Sie den Käsekellner, er möchte den Weinkellner dazuholen. Und dann überlassen Sie die Auswahl den beiden. Es kann ein besonders gelungener Abschluß des Essens werden.

> Ein optimal reifer Käse und ein dazu gewählter Wein, das kann die Krönung eines Festmahls sein!

Kapitel 17
Das Zahlen

Kein Gast sollte grußlos zahlen und gehen.
Es haben Menschen für ihn gearbeitet.
Ein Blick und einige Worte lassen wissen, wie er geht:
zufrieden oder glücklich, enttäuscht oder verärgert.
Sonst wird nur ein Tisch frei.

Aus meiner Sicht:
Wir bleiben ihnen etwas schuldig

Wenn der Teller, nach rechts, abgeräumt wird, dann kommt sie, die Schlußbemerkung, wie das Amen in der Kirche: Waren Sie zufrieden? Oder die Kurzform-Variante: Hat's geschmeckt? Diese Pseudo-Erkundigung macht mich manches Mal ganz muffig. Warum?

Sie kommt zu spät. Die Frage hätte viel früher gestellt werden müssen. Dann nämlich, wenn noch etwas von der Küche zu korrigieren gewesen wäre. Sie ist überflüssig, wenn das halbe Gericht oder das ganze Gemüse noch auf dem Teller liegt. Warum wohl? Weil es mir so gut geschmeckt hat? Sie will gar keine Antwort: schon halb abgedreht mit dem Teller noch so dahingesagt, wem hätte ich eine Antwort geben können? Sie kommt vom Falschen: soll ich einem Commis sagen, daß die Créme Bavaroise so fest war wie ein Wackelpudding? Was macht er mit dieser Mitteilung, der arme Kerl? Sie nützt niemandem. Der Kellner hört die Antwort und behält sie für sich. Soll er sich anlegen mit dem Koch?

Aber ich hätte gerne etwas gesagt. Sogar etwas Lobendes. Etwas Ermunterndes für die unsichtbare Crew in Weiß, da, hinter der Lichtschranken-Schiebetür. Wie?

Sicher, es geht nicht, daß jeder Gast in die Küche marschiert und den Koch in eine Unterhaltung verwickelt. Das will der auch gar nicht. Er ist ein hochkreativer Handwerker und kein Salonlöwe. Es gibt jedoch Ausnahmen. Aber ein Notizzettel genügt, die Rückseite einer Visitenkarte, um darauf zu schreiben, daß beispielsweise die weiße Schwarzwurzelsuppe mit den schwarzen Trüffelscheibchen so herrlich geschmeckt hat, wie sie aussah.

Einer der ganz berühmten ganz hochdekorierten Köche aus dem Norden hat mir einmal verraten, wie wenig Briefe er im Jahr von Gästen bekommt. Der Inhalt im Verhältnis 1 zu 10, Lob zu Tadel. Wir Gäste müßten uns schämen.

Und dieser Mann steht über allem Zweifel mit an der Spitze unserer Gastronomie. Verwöhnt von der Presse, geehrt von den Institutionen, umschwärmt von der Prominenz. Aber seine täglichen Gäste bestellen, essen, bezahlen und gehen.

Der Koch kämpft und leidet und lebt für ein Produkt, das, kaum endlich fertig, verschwindet, am Küchenpaß, dieser stählernen Grenz-Platte zwischen Küche und Service, weggetragen von den Kellnern. Wie in einem dunklen Loch verschwindet die von einem ganzen Team hart zustandegebrachte kulinarische Köstlichkeit, arrangiert voller Geschmack und Liebe. Weg, auf Nimmerwiedersehen. Bei wem und wie es angekommen ist, hört er zwar manchmal, aber nur, wenn's nicht angekommen ist. Und sonst? Null. Die nächsten Teller.

Mit-Gäste! Wo bleibt denn nun unsere Anerkennung, das Lob, die Freude, die wir erlebt haben, ja auch unser Erstaunen und doch auch oft genug sogar unsere Bewunderung? Allen Freunden und Bekannten erzählen wir von dem Essen dort-und-dort, voller Anerkennung. Doch ihm verheimlichen, verschweigen, verweigern wir sie. Was wir, für die er das alles macht, von seinem Werk halten, das bleibt ihm verborgen.

Woher beziehen diese wenigen kostbaren Blüten unserer Luxusgesellschaft eigentlich ihre Motivation, das durchzustehen?

So kann's laufen:
Am Ende das Fazit der Gäste

An dem Tisch sitzen drei Gäste. Die Herren haben schon gegessen. Sie sitzen jetzt bei Kaffee und Cognac. Die Unterhaltung wird immer lebhafter.

„Es ist doch gar keine Frage, wonach man ein erstklassiges Restaurant beurteilt: nur das Essen ist ausschlaggebend. Weshalb geht man denn sonst in ein Restaurant!"

„Na, so einfach ist das ja nun auch nicht. Ich gehe leider oft essen, weil ich muß. Geschäftlich. Und da dreht es sich überhaupt nicht ums Essen. Ich weiß hinterher oft gar nicht, was ich gegessen habe. Oft ist es primär das Ambiente, das Image, das Drumherum. Meistens, würde ich sagen, in solchen Häusern!"

„Nein, ich würde mir ja noch gefallen lassen, wenn Sie sagen, es wäre der Grund, einmal anders, besser, raffinierter zu essen, als das zu Hause möglich ist. Die Küche ist das Entscheidende! Auch beim Geschäftsessen."

„Das kann gar nicht sein. Denn die Gourmet-Restaurants haben bei Nähe besehen doch eigentlich ziemlich alle die gleiche Küche. Ironisches Stichwort: Hummermedaillons in Lakritzsoße. Das wäre doch wegen des Essens alleine schon längst nicht mehr attraktiv. Das ist zu viel Brimborium, alles in die gleiche Richtung überzüchtet! Wäre es nicht teuer, käme keiner. Es ist das vornehme Image, wovon die leben!"

„Das war einmal, stimmt nicht mehr. Die wirklich großen Köche haben immer wieder Neues erfunden und entwickelt. Aber dann haben sich andere darangehängt und das nachgemacht. Die fallen wieder weg, weil man mit Mode und Optik keine gute Küche machen kann. Jetzt entwickelt sich das wieder anders, zu einfacheren, bescheideneren Gerichten. Bodenständig und jahreszeitlich, aber auf hohem Niveau. Das ist nämlich weder schick noch alte Pampfküche!"

„Das hat mit Kochkkunst doch gar nichts zu tun! Das ist eine rein ökonomische Entwicklung. Wenn die nicht zu einer besseren Verwertung ihrer Rohmaterialien kommen, können sie ihre hohen Preise nicht mehr halten. Da müssen halt jetzt auch Kartoffelpuffer her und Gulasch, daran können sie mehr verdienen, ohne enorme Preise nehmen zu müssen. Und genau dafür haben sie jetzt auch noch ein Bistro eröffnet!"

„Aber das Essen ist eben doch das Wichtigste. Gestern war ich zum Beispiel in der „Blauen Ente". Also ich kann Ihnen sagen: es war sagenhaft! Ich habe da Hechtklößchen gegessen, die waren so etwas von leicht und luftig. Phantastisch!"

„Na ja, wer Hechtklößchen mag! Für mich ist das kein Essen. Labberkram. Alte Küche. Vorbei! Da lob ich mir ein unkompliziertes, solides Stück Fleisch. Hirschbraten, zum Beispiel, esse ich da viel lieber. Im „Jagdhorn" in Dingsleben, die sind bekannt dafür. Da kann man ihre Wildspezialitäten kaufen, zum Mitnehmen, in Dosen!"

„Haha, Hirschbraten! Das sind doch meistens in Rotwein eingelegte Rinderstücke, trocken und hart. Und ein Restaurant, das Dosen verkauft, das kann ja gar nichts sein! Übrigens waren es Hechtklößchen Lyonaiser Art."

„Entschuldigen Sie, bitte! Das ist unsachlich. Übrigens: Selbst die größten Köche vermarkten sich an die Industrie. Das ist doch o.k. Die wollen endlich auch mal Kohle sehen. Das ist doch nichts Ehrenrühriges! Wenn der Chef vom „Goldenen Kreuz" seinen Namen hergibt, und es gibt „Kreuz"-

Geflügelfond, na, bitte sehr, warum nicht? Deswegen muß doch die Küche nicht schlecht sein?"

„Ach, warum denn immer nur die Küche? Die Kellner, das ganze Service-Personal, das ist doch auch wichtig. Sehen Sie doch mal: Vorhin, hier, die Melone, die mit dem Parmaschinken, die war doch hart und grün. Eigentlich ein Grund, sich zu beschweren. Und? Das hat der Oberkellner selbst gesehen, daß wir da auf den Tellern herumgestochert haben, aber keiner von uns hat etwas gesagt. Sofort hat er die Teller weggenommen und bessere Melonen gebracht, ohne zu argumentieren. Und schon war wieder Frieden und Freude. Ohne diesen Kellner säßen wir jetzt hier nicht mehr und würden reden!"

„Ich finde, das ist das Stichwort. Ich will zahlen. Ich muß jetzt nach Hause. Ich würde ja noch gerne, aber das Auto steht vor der Tür."

Die Herren zahlen, stehen auf und gehen. Der eine von ihnen kann zu Fuß nach Hause gehen und überlegte, was der Oberkellner an dem Abend für den Tisch gemacht hat:

‹Begrüßt, Mantel abgenommen, an den Tisch geführt, Sessel untergeschoben, eine paar Worte gewechselt, gefragt, ob wir Eile hätten, Aperitif empfohlen, Karte gebracht, Essen empfohlen, Wein empfohlen, gut sogar, die harte Melone bemerkt, zwischendurch ein paarmal freundliche Worte und gefragt, ob es so gut ist, nach dem Zahlen den Garderobenschein erbeten, in den Mantel geholfen und jetzt uns allen ein schönes Wochenende gewünscht.›

Ohne diesen Kellner wäre der Abend gar nicht möglich gewesen. Nicht nur die Küche ist entscheidend! Keiner ohne den anderen.

Fazit dieses Abends: Auf bald wieder in diesem Restaurant!

Hinter den Kulissen:
Im Zweifel nochmal

Am Ende eines ersten Besuches in einem Restaurant oder eines Aufenthalts in einem Hotel, wenn der Gast wieder auf der Straße steht, dann hat sich ein sehr komplexes Ereignis vollendet.

Viele Menschen haben sich um sein Wohlergehen bemüht, die meisten hat er gar nicht zu Gesicht bekommen. Die erbrachte Leistung ist schwer zu bewerten, weil Geschmack subjektiv ist. Das Resultat mischt sich mit eigenen Stimmungen, die vielleicht nicht einmal bewußt sind. Erwartungshaltungen der unterschwelligen Art sind auch im Spiel gewesen. Unbekanntes Ambiente, ungewohnte Karte, unerwartete Usancen haben auf den ersten Blick Unsicherheit, Neugier oder Überraschungen verursacht.

Also, wie war's? Saldiert sich alles letztendlich im Negativen, oder gibt es eine gute Note?

Angenommen, es war alles in allem positiv. Dann könnte sich der Gast überlegen, daß er da gelegentlich wieder hingehen will. Er kann alles genauer prüfen, der zweite Blick ist schärfer. Der Gastronom bekommt eine zweite Chance, es wird gar noch besser. Steht dem nichts im Wege, dann sollte es der Gast tun: bald wieder dort hingehen.

Er schafft sich die Chance, dort zu einem Stammgast zu werden. Das ist eine sehr angenehme Sache.

Viele der meistens kleinen Unannehmlichkeiten, die einen anfangs störten, kann man dann umgehen, korrigieren oder gar übersehen. Dafür entstehen viele Annehmlichkeiten, die vorher nicht möglich waren: der Stammgast wird erkannt, mit Namen begrüßt, kleine Wünsche sind bekannt, Eigenarten werden berücksichtigt, vieles muß er nicht wiederholen. Er kann sich fühlen, als gehöre er dorthin. Er ist kein Fremder mehr.

Doch häufiges Kommen ist alleine noch keine Garantie für die Erreichung des Stammgast-Status. Er sollte nicht als unauffälliger Jedermann auftreten und unbeachtet wieder gehen. Es gibt genügend Möglichkeiten, sich angenehm bemerkbar zu machen: Sonderwünsche deutlich, aber freundlich äußern. Angebrachtes Lob aussprechen. Auf Mängel beim richtigen Gesprächspartner hinweisen. Das genügt schon.

Dann wird sich ihm eine neue Welt der Gastronomie eröffnen. Dem Stammgast kommt eine aktivere Bereitwilligkeit entgegen, ihm den Aufenthalt so angenehm wie nur möglich zu machen. Der Stammgast zieht die Bemühung aller an, gerade ihm zu zeigen, daß man ihn schätzt. Dem Stammgast werden kleine und oft auch bedeutende Möglichkeiten eröffnet, die andere Gäste nicht bekommen.

Erst wenn dieses vertrautere Verhältnis zwischen Gast und Gastronom sich entwickelt hat, erst dann werden die Erlebnisse möglich, die sich in einem tiefen Wohlbefinden auswirken. Dann fängt das es erst richtig an, und der Fremde erfährt, wie schön es ist, ein Gast zu sein.

Ja, und wenn das Thema Stammgast doch nicht im Vordergrund steht? Was dann?

Alle Restaurants bemühen sich um ein Image. Sie versuchen einerseits, aus den Gegebenheiten das Beste zu machen. Und andererseits wollen sie alle irgendwie anders sein als die anderen. Aus diesen Bemühungen ergeben sich unzählige Varianten: aus der Lage der Lokalität, der Einrichtung, dem Geschirr, der Dekoration, aus der Kleidung und dem Auftritt des Personals, aus dem Stil der Küche, des Weinkellers, den Preisen.

Heraus kommt tatsächlich eine Vielzahl von Möglichkeiten, die sich dem Gast anbieten. Aus ihnen soll er sich nun das Restaurant aussuchen, das seiner Intention für eine bestimmte Gelegenheit am nächsten kommt. Je mehr Mühe sich der Gast macht, für den Anlaß das am meisten entsprechende Restaurant auszusuchen, desto eher wird die Unternehmung gelingen.

Das kleine intime Restaurant etwas außerhalb des Zentrums mit einer Atmosphäre, die von dem Koch selbst geprägt ist, lockt ganz andere Gäste an, als das repräsentative große Restaurant internationalen Gepräges mit Blick auf das wogende Innenstadtleben. Paßt dem Gast der Platz, passen auch die anderen Gäste zu ihm, wollen sie doch offenbar das gleiche wie er. Schon stellt sich vorweg eine Harmonie ein, auf der dann alles andere aufbauen kann.

Also ist der Griff zur Telefonnummer des richtigen Restaurants zunächst eine Frage der persönlichen Erfahrung. Gewiß helfen die kulinarischen Führer dabei, doch nur als Vorauswahl. Das ist ja auch deren Selbstverständnis. Nur das eigene Erlebnis ist ausschlaggebend. Man muß sich also hindurchessen, durch die Angebote der Gastronomie.

Wenn es allerdings gerade eine kulinarische Mode gibt, dann ähneln sich die Speisekarten zum Verwechseln. Nicht äußerlich, aber inhaltlich. Es sei an die Zeit erinnert, in der alles Gemüse zu einem auf den Teller gestürzten Brei, genannt Flan oder Timbale, zu deutsch Becher, verarbeitet wurde. Oder an den Versuch, das Unvereinbare zusammenzubringen, Langusten mit

Walderdbeersoße etwa. Auch, daß die Gerichte nicht ‚mit' einer Soße kommen, nein sie lehnen sich ‚an' eine Soße. Man kann dem nicht ausweichen.

Wenige Speisekarten haben einen so eigenen Charakter, daß man von den angebotenen Gerichten auf ein bestimmtes Lokal schließen könnte. Das ist auch viel verlangt, möglicherweise zu viel. Denn letztendlich entscheidet das Publikum, und wenn alle das gleiche wollen, steht auf den Karten halt auch überall das gleiche.

Das ist beispielsweise auch das Problem von Küchen internationaler Hotelrestaurants: Sie müssen mit ihrer Karte Rücksicht nehmen auf das, was ihre Gäste aus USA oder Japan oder England an diesem Ort gerne essen wollen. Das muß also zumindest auch auf die Karte.

Aber so völlig gleich ist das Publikum eben nicht, ebensowenig wie die Restaurants. Es gibt genügend Unterschiede, Varianten und Tendenzen des Geschmacks, sowohl bei den Gästen als auch bei den Restaurants. Es ist schön für beide, nacheinander zu suchen. Voraussetzung sind Neugier, Toleranz und Gelassenheit, auf beiden Seiten!

Die Profis raten:
Was der Gast hinterläßt

Wenn Sie zahlen wollen, raten wir Ihnen, diesen Wunsch noch zu einem Abschlußtest zu machen: Unterbrechen Sie gegebenenfalls Ihre Unterhaltung mit Ihrem Partner, und beobachten Sie den Service. Irgendwer muß innerhalb sehr kurzer Zeit zu Ihrem Tisch schauen und so mit Ihnen Blickkontakt bekommen. Das sollte nach zwei bis drei Minuten spätestens geschehen. Ein bedeutungsvolles Hochziehen der Augenbrauen und Anheben des Kopfes genügt, um den Betreffenden sofort an Ihren Tisch zu bringen. Es ist egal, wer. Auch der Commis sagt dann dem richtigen, daß dieser Tisch zahlen möchte. Müssen Sie, um Aufmerksamkeit zu erregen, gestikulieren, mit den Armen wedeln, gar rufen, dann rufen Sie ruhig gleich richtig laut. Dann sind Sie nicht in dem Lokal, das wir meinen.

> Warten Sie, bis Sie dem nächsten Blick irgendeines Kellners begegnen. Er kommt zu Ihnen!

✱

Die Frage, was er für Sie tun kann, beantworten Sie entweder nur mit der Bitte um die Rechnung, oder Sie geben ihm gleichzeitig Ihre Kreditkarte. So kann er das Formular gleich ausfüllen, warum soll er zweimal kommen? Er trägt auf dem Kreditkartenformular lediglich Datum und den Rechnungsbetrag ein, damit Sie darunter ein Trinkgeld und den entsprechenden Endbetrag eintragen und unterschreiben. Das Trinkgeld rechnet er abends normal ab. Häufig ermöglicht bei Barzahlung das Wechselgeld, den Tip-Betrag einfach auf dem Teller liegenzulassen. Sonst geben Sie dem Kellner ruhig einen Schein und sagen ihm, wieviel er Ihnen herausgeben soll. Er wird es gerne tun.

> Ein lächelndes Danke zum Tip nimmt dem Trinkgeld alles eventuell Herabwürdigende!

✱

Vergelten Sie dem Service nicht eine mangelnde Küchenleistung. Denn eine zähe Hirschkeule hat ihm eher mehr als weniger Arbeit gemacht. Wobei zu sagen ist, daß Hirschkeulen ihre Qualität häufig erst beim Anschnitt des fertigen Bratens offenbaren. Manchmal ist es schwer zu unterscheiden, was an der Küche, was am Service lag. Eine lauwarme Suppe ist meistens dadurch entstanden, daß sie zu lange am Küchenpaß auf den Kellner gewartet hat. Zu lange Pausen zwischen den Gängen sind nicht zuzuordnen. Entweder hatte der Service den Gang zu spät in der Küche abgerufen, oder die Küche war überlastet und hinkte hinterher, sie schwamm. Aber ein trockengekochter Fisch ist sicher eher Küchensache, unaufmerksame Bedienung eindeutig ein Serviceproblem.

> Die Höhe Ihres Tips ist das Zeugnis für den Service, doch nur für diesen: Durchschnitt, Lob oder Tadel.

✱

Wollen Sie die Küche loben, und es ist schon nach 22 Uhr, fragen Sie nicht mehr nach dem Chefkoch. Der ist verschwitzt und abgearbeitet schon unter der Dusche, wenn Sie noch beim Mocca sitzen. Die Restmannschaft versucht, in der Küche „klar Schiff" zu machen. Aber hinterlassen Sie dem Küchenchef beim Restaurantchef eine Visitenkarte mit ein paar Worten. Er wird sich freuen. Mittags und am früheren Abend ist gelegentlich ein kurzer qualifizierter Lobesruf von Ihnen in die Küche ein angenehmer Laut für die Brigade, trotz Streß.

> Das Resümee des Essens geht über den Maître in die Küche.

Lassen Sie sich etwas Zeit, bevor Sie sich über Ihren Restaurantbesuch ein Gesamturteil bilden. Vieles sollte berücksichtigt werden. Allerdings auch dieses: Es ist alles Menschenwerk, in diesem Fall mehr als anderswo. Vom Einkauf der Gemüsegurke auf dem Markt bis zum Abbürsten der Krümel von der Tischdecke, alles Menschenwerk. Es ist ausgesetzt der Gefahr von Fehlern, Irrtümern und Schwächen. Nur Roboter irren nie oder fast nie. Das, was in einem guten Restaurant abläuft, ist so fern von einer nur industriell möglichen Standardisierung, daß wir fast versucht wären, Ihnen zu raten, die kleine Abweichung vom Erwarteten zu beklatschen, aber, im Ernst, sicher nicht zu bestrafen.

> Jedes Bröckchen auf Ihrem Teller ist Handarbeit und das Gegenteil von genormter Gleichförmigkeit!

Sagen Sie beim Hinausgehen ruhig auch ein Wort des Lobes an den Service, wenn angebracht. Er hat sich zwei Stunden um Ihr Wohlbefinden bemüht. Mit Erfolg, mehr im Hintergrund als vor Ihren Augen. Sicher ist das Essen die Hauptsache gewesen, aber er hat ja auch seinen Teil dazu beigetragen. Das Gegenteil beweist es: Schlechter Service verdirbt einem das ganze Essen. Was hatte das Motivations-Seminar noch gepredigt, seien die Haupt-Motivationskiller? Der Mangel an Vertrauen und Zuwendung gepaart mit Überheblichkeit und Ignoranz.

> Gönnen Sie dem Kellner ein nettes Wort. Er wird hoffen, daß Sie beim nächsten Besuch in seinem Revier sitzen.

✻

Und wenn nun alles gut war, einem neuen Besuch nichts im Wege steht, was nun? Jeder hat eine Visitenkarte. Das Restaurant auch. Lassen Sie sich eine geben, mit der Garderobe. Ruhetage und Fax-Nummern sind unter Umständen später nützlich und stehen meistens auch auf der Geschäftskarte. Das macht die Tischbestellung leichter. War der Maître gut – er hat sicher eine eigene –, schadet es gewiß nicht, seinen Namen zu kennen. Und hinterlassen Sie ihm auch Ihre Visitenkarte. Er hat eine Kartei, mit Sicherheit! Da sollten Sie mit drin sein. Sie erfahren durch Info-Briefe von Sonderveranstaltungen, es gibt Einladungen, Angebote und Neuigkeiten über dieses Restaurant, die Sie wahrscheinlich mehr interessieren als die meisten Werbedrucksachen.

> Identifizieren Sie sich nach dem Essen bei dem Restaurantchef, falls Sie wiederkommen wollen.

Glossar
Ein kleines Speisekarten-Alphabet

für dienigen Gäste,
die vor der Bestellung wissen wollen,
was ihnen die Küche bereiten wird.

Eine Empfehlung zum Abschluß:

Diejenigen Leserinnen und Leser, die gerne ausführlicher und weitgehender informiert werden möchten, verweise ich auf einschlägige Wörterbücher, in denen das jeweilige Fach-Chinesisch bestimmter Themenbereiche in aller gebotenen Ausführlichkeit abgehandelt wird. Es gibt sehr informative Nachschlagewerke u. a. auch zu folgenden Bereichen:

Küche: Die Fachausdrücke für Zubereitungsvorgänge in der Profi-Küche, meist französisch, interessieren ambitionierte Hobbyköche.

Rezepte: Stark gekürzte Kochanweisungen für Profis mit allen Namen und Garnituren der klassischen Küche, ohne Bilder.

Fische: Sie sind ein eigenes Studium wert, allein schon weil es so viele verschiedene Namen für die gleichen Fische bzw. Schalentiere gibt.

Exoten: Aus der ganzen Welt tauchen Produkte bei uns auf, die meist dekorative Modeerscheinungen sind.

Wein und Käse: Wer sich wirklich ernsthaft mit diesen beiden Themen beschäftigen will, benötigt sowieso jeweils eine Spezial-Bibliothek.

À Part: Was nicht mit auf dem Teller serviert wird oder werden soll, sondern nebenbei in einem gesondertem Gefäß; man gießt z. B. die Soße selbst, wann, wieviel und wohin man will auf den Teller.

Aceto Balsamico: Balsamessig, aus der Gegend von Modena, eine Fleisch- und Salat-Würze, deren Aroma eigentlich nicht sauer, sondern hocharomatisch ist; je älter, desto besser, aber auch teurer, deshalb gibt es auch billige Nachahmungen.

Aiguillettes: Schmale, schräge, dünne Scheiben von Filet-, Geflügelbrust- und Hummerfleisch; auf dem Teller fächerförmig großflächig angeordnet.

Allumettes: Fritierte Kartoffelstäbchen in Streichholzdicke; eine Art Pommes auf feine Art.

Amourettes: Nicht Knochen-, sondern Rückenmark vom Rind oder Kalb, das für Füllungen verwendet oder als Scheiben gebacken wird; die in Frankreich als Delikatesse beliebten ebenso genannten Stierhoden dürfen in Deutschland nicht verkauft werden, sie sind Konfiskat des Fleischbeschauers.

Amuse Gueule: Kostenloser Mini-Happen zur Einstimmung, warm oder kalt, der vor dem ersten Gang kommt; das Rohprodukt sollte sich im folgenden Menü nicht wiederholen.

Au Four: Alles, was eine Weile in irgendeinem Ofen war; kann eine Kruste haben, muß aber nicht.

Austerngrößen: Traditionelle Bezeichnung mit Nullen, geht nach Gewicht, die größten nennt man „Sechs-Null", Schreibweise 000000, und wiegen je ca. 100 g, darüber heißen sie „Extra"; es gibt auch andere Kennzeichnungen.

Aux Aromates: Das meint nur, daß Kräuter dabei verwendet werden; welche das auch immer sein mögen.

Bayerische Creme: Edle Süßspeise, luftig-zart durch Schlagsahne, mit Gelantine, stets gestürzt; klassisch mit Ei und Vanille, aber auch mit Fruchtpürees oder -säften.

Bisque: Creme-Suppe von Hummer oder anderen Schalentieren; ein sehr geschmacksintensiver, sättigender Gang, dem nur entsprechend geringe Mengen kräftigen Geschmacks folgen sollten.

Ein kleines Speisekarten-Alphabet 219

Blanchiert: Ganz kurz vorgegart, mit Wasser oder Fett; dadurch wird z. B. Gemüse farbintensiv, bzw. bekömmlicher, aber noch nicht richtig gar.

Canapé: Belegtes Weißbrotschnittchen ohne Krustenrand, sauber zu Ecken geschnitten; das ist kein Sandwich, denn das hat unten und oben Brot.

Charlotte: Süßspeise mit einer Kruste aus Bisquit oder Brot und einer Creme- oder Fruchtfüllung; vorab zu klären ist, ob sie kalt gestürzt oder gebacken warm serviert wird.

Chipolata: Keine Zubereitungsart, sondern Bratwürstchen, eigentlich spanische; oft nur als Zutat verwendet, die aber dem ganzen Gericht den Namen geben.

Couvert: Dafür, daß der Gast Teller, Besteck, Gläser und Serviette auf seinem Platz vorfindet, wird ein gesonderter Preis berechnet; die Ausstattung des Tisches sollte dann aber erlesen und vielfältig sein.

Délices: Köstliches, Edles, auch Delikates oder das Beste, zum Beispiel vom Lamm oder anderen Tieren; unklare Begriffe, da mehrere Stücke frei nach Wahl der Küche auf den Teller kommen; das ist vorher zu enträtseln, denn es können auch alles Innereien sein, die zwar köstlich, aber doch Geschmacksache sind.

Essenz: Flüssiges Konzentrat, meistens von Fleisch, das entsteht, wenn eine Fleischbrühe nach vielen Stunden des Kochens, Köchelns und Klärens dann noch entfettet auf eine wesentlich kleinere Menge eingekocht wird; nur korrekt bezeichnet, wenn sie eine Geschmacksbombe ist.

Farce: Eine Fleischmasse, die für alle Arten von Füllungen verwendet wird; oft wertvoller und aufwendiger herzustellen, als der Gast glaubt.

Fleuron: Eine Blätterteig-Beilage in Halbmondform; dann gibt es weder Kartoffeln noch Reis als Zugabe.

Flugente: Keine echte Wildente, da sie gezüchtet und gehalten wird, aber sie kann und darf herumfliegen; im Gegensatz zur Mastente, die durch Bewegungsmangel schneller zu Gewicht kommt.

Frikandeau: Ein längliches Stück Fleisch aus der Kalbskeule; wird gebraten, oft gespickt, oder geschmort.

Frikassee: gewürfeltes Fleisch vom Kalb, Huhn oder anderem Tier, wird so gedünstet, daß es weiß bleibt; gart in seiner weißen Soße; schmeckt nur, wenn das Fleisch schmeckt.

Galantine: Kommt nicht von Gelee, sondern von galant und ist ein vom Rücken her vorsichtig entbeintes Geflügel, das gefüllt mit Farce, dann gekocht, wieder aussieht wie vorher, und kalt in Scheiben schneidbar ist; eine hochkomplizierte Art von Pastete.

Gemüsenudeln: Entweder übliche Eiernudeln mit gekochten Gemüsestreifen dazwischen, oder farbige Nudeln, die z. B. mit Tomaten-, Spinat- oder Möhrenpüree hergestellt wurden und auch danach schmecken sollten; ein vorher zu enthüllender großer Qualitätsunterschied.

Geschmolzen: Zubereitung von Tomaten, die gehäutet, entkernt, gewürfelt, gewürzt und gewärmt sind; kein Brei, sondern farbige Geschmacksbissen.

Haus: Vorsicht mit dieser Bezeichnung, zum Beispiel haus-gebeizter Lachs ist Unsinn, es gibt keinen freiland-gebeizten, haus-gemachte frische Nudeln dagegen sind viel köstlicher als Trockenware, Haus-Marke ist meistens der preiswerteste, aber oft sehr gute Sekt, Hausmacherart soll einen soliden Geschmack avisieren, der zu prüfen ist.

Julienne: Sehr feine Streifen von verschiedenem Gemüse zur rascheren Abgabe des Geschmacks an Flüssiges; ausgelaugt dient es manchmal noch als angebliche Dekoration z. B. auf Fisch.

Jus: Saft vom Fleisch, der beim Braten austritt und für gute leichte Soßen als Grundlage dient; das dunkle Braune am Bräterboden wird mit Flüssigkeit wieder aufgelöst.

Kapaun: Ein kastrierter Hahn, wird sehr schwer, über drei Kilo; eine selten gewordene Geflügel-Delikatesse.

Kartoffeln: Es gibt an die 150 fachlich korrekte Zubereitungsarten von Kartoffeln, von denen jede Küche stets mehrere nebeneinander zur Hand hat; es lohnt sich auszuforschen, was angeboten wird, um gegebenenfalls andere Kartoffeln zu erbitten, z. B. normale Schwenkkartoffeln, die sind immer da, oder Reis.

Marmite: Der französische Ausdruck für Suppentopf bezeichnet große Töpfe in den Küchen, wird auch verwendet für Suppenportionen; über den Inhalt sagt das aber nichts Konkretes aus.

Medaillon: Auch Nüßchen genannte dicklichere runde Scheiben vom Filet, daher von kleinerem Durchmesser und darum mehrere pro Portion; wenn das Fleisch vom Hummer- oder Langustenschwanz in ähnliche Stücke quer geschnitten wird, heißen diese auch so.

Medium: Üblichste von vier Garstufen für Fleisch: (engl./franz./dt.) 1. rare/bleu/blau, 2. medium-rare/saignant/blutig, 3. medium/a point/mittel, 4. well-done/bien cuit/durch.

Menage: Auf dem Tisch für den Gast bereitgestelltes Salz und Pfeffer, aber auch Öl, Essig, Würze, Zahnstocher finden sich in einem Gestell; je anspruchsloser die Küche, desto mehr Inhalt hat es.

Nage: Französisch „schwimmen", in Verbindung mit Krebstieren bedeutet À La Nage, daß sie in einem würzigen Fisch-Sud gegart wurden; eine unprätentiöse Art, sich z. B. dem reinen Hummergeschmack zu widmen.

Omelette en Surprise: Ein kulinarischer Gag, der überhaupt nichts mit einem Omelette zu tun hat, sondern ein leichter Bisquitteig ist, heiß ausgebacken, innen mit Speiseeis gefüllt, mit Eischnee überzogen; ist aus der Mode gekommen.

Paillard: Eine dünne Scheibe Kalb- oder anderes Fleisch, wird zwischen zwei Folien hauchdünn geklopft und nur sekundenlang beidseitig gebraten, ergibt viel Bratengeschmack bei wenig Masse; wenn es trocken ist, war es zu lange im Fett und ist nicht in Ordnung.

Panaché: Heißt französisch nichts anderes als bunt-gemischt und kann ebenso mit dem englischen „mixed" bezeichnet werden; wenn nicht dahinter definiert ist, woraus diese Mischung besteht, muß eruiert werden.

Parfait: Zu deutsch perfekt, vollkommen, ein vager Begriff, früher enger, heute weiter gefaßt, für unterschiedlichste kalte Speisen aus Massen, wie Gänseleber, Halbgefrorenem, Sahnecremes, jedoch sind alle stets ohne Hülle, gestürzt und in Trapezform; darum sollten die Ingredienzien genau beschrieben sein.

Pastete: In Teigkrusten bereitete Speisen aus wertvollen Farcen und Massen, sowohl mit Fleisch als auch süßen Zutaten, warm serviert; es gibt unzählige klassische Variationen und individuelle Kreationen.

Poëlliert: Fleisch, das auf Wurzelwerk, mit Butter übergossen, unter einem Deckel bei nicht zu starker Hitze gegart wird, Bratensatz als Soße; einfach auch Braundünsten genannt.

Pochiert: Gegart in einer Flüssigkeit, die nicht kocht, nicht simmert, sondern nur heiß ist, also ca. 70 – 80°C; Fisch zieht so gar, aber auch Fleisch, das nach vier Stunden gar und keine Spur trocken ist, sondern ganz saftig und stundenlang so bleibt, ohne auszulaugen.

Poularden: Junge Masthühner, die noch nicht gelegt haben, der Geschmack rechtfertigt den höheren Preis; aber auch die Größe, denn ein Mindestgewicht von 1050 g ist in Deutschland vorgeschrieben.

Profiterôles: Hohle Kugeln aus Brandteig, die ohne Füllung als Beilage oder z. B. mit Vanillecreme, auch zu kleinen Pyramiden getürmt mit Schokoladenguß überzogen, serviert werden.

Rote Grütze: Eine klassische Nachspeise aus Saft von roten Beeren, auch Kirschen, mit Reismehl, oder anderem feinen Dickmittel, zu einem glatten Pudding gekocht, gestürzt, gekühlt, mit Rahm, Vanillesoße oder Schlagsahne; der gleichnamige Pudding mit ganzen Beeren ist nicht das Original.

Salmis: Spricht sich ohne s am Ende und ist Einzahl, ein hochwertiges Ragout von Geflügel oder Wild; es wird in Förmchen gefüllt, begegnet einem auch in kleinen Würsten.

Sautiert: Schnell mit großer Hitze gegart, wobei die Stücke vom Profi-Koch in einer hohen Stielpfanne aus dem Handgelenk geschwenkt und gewendet werden, ohne Saft ziehen zu lassen.

Savarin: Hefeteig in Kranzform gebacken, mit süßer alkoholhaltiger Flüssigkeit getränkt, heiß oder kalt serviert; vielerlei individuelles süßes Drumherum und Obendrüber bereichert diese eine von vielen Ehrungen für Jean A. Brillat Savarin, 1755 – 1826, französischer Richter, Gourmet und Buchautor.

Sorbet: Halbgefrorenes cremiges Fruchteis mit Sekt oder anderem Alkohol in einem Glas; auch als Zwischengang beliebt, doch dafür oft zu süß und zu viel.

Soufflé: Für die Küche eines der heikelsten Gerichte, weil nur Eischnee und Eigelb eine Masse aus Fleischfarce oder süßem Teig im Ofen hochtreiben soll; wenn eine Speisekarte z. B. ein Soufflé au Grand Marnier anbietet, sollte der Koch seine Chance haben; sie steht 50:50, denn nur ein Luftzug, und es ist zusammengefallen.

Soufflé Glace: Eine blanke Irreführung, da das mit einem Soufflé nur die über eine feuerfeste Form hinausragende Höhe des Inhalts gemeinsam hat; ansonsten festgefrorenes Speiseeis, vielleicht auch mit Grand Marnier gemacht, aber eben Eis.

Spongada: Eine Art Sorbet, aber leichter und luftiger durch geschlagenes Eiweiß; wenn das ohne Erklärung bleibt, weiß der Gast, daß Koch und Service mehr auf Kollegen achten als auf die Gäste Rücksicht nehmen.

Stubenküken: Ein verkaufsträchtiger Name für ein sehr kleines Huhn; durchaus kein Küken mehr, so klein ist es nämlich nicht, und wurde auch nie in einem Zimmer gehalten.

Suprême: Also das Äußerste, Höchste, Beste, Feinste, entweder vom Geflügel die Brust oder vom Fisch Filets, z. B. von Seezunge oder Steinbutt, pochiert; ein Name für höchste Ansprüche an das Resultat auf dem Teller.

Terrine: Eine Pastete, die nicht in einer Kruste gegart wird, sondern in einem Gefäß, einer Terrine eben, oder in einem Topf; die Vielfalt ist sehr groß, die Bereitung ist diffizil und einem Laien kaum möglich.

Timbale: Kleines metallenes Gefäß in Becherform für gestürzte Kegel-Portionen von praktisch allen Rohstoffen, auch gefüllt; in manchen Fällen eher eine Sache der Dekoration und nicht des Geschmacks.

Vacherin: Ein Boden, Rand und Gitterdeckel aus Baiser-Masse, das ist getrockneter süßer Eischaum, wird gefüllt mit Eis, Schlagsahne oder anderem; eine arbeitsaufwendige und deshalb selten gewordene klassische Süßspeise, sieht tortenähnlich aus, wie der französische festhäutige Weichkäse gleichen Namens.

Vichyssoise: Eine feine sahnige Kartoffelsuppe, die kalt serviert wird; trotz des Namens ein USA-Import für heiße Tage.

Weitere Titel aus dem Gabler Verlag

Wolf W. Lasko
Small talk und Karriere
Mit Erfolg Kontakte knüpfen
176 Seiten, Geb. DM 58,–

Nur wer Small talk sicher und elegant beherrscht,
findet auch die richtigen Kanäle zur Spitze.
141 Karrierezünder und originelle Insider-Ideen
liefern das praktische Handwerkszeug für den Einsatz
vor Ort.

Rosemarie Wrede-Grischkat
Manieren und Karriere
Verhaltensnormen für Führungskräfte
2. Auflage, 332 Seiten, DM 68,–

Gute Manieren sind Teil des persönlichen Stils,
und ohne Manieren keine Karriere. –
Das ist die Botschaft dieses ersten Etikette-Bestsellers
für Führungskräfte.

Rosemarie Wrede-Grischkat
Auffallen oder anpassen?
Neue Verhaltensmuster für die berufstätige Frau
Ca. 208 Seiten, Geb. ca. DM 58,–

Wie sollten Frauen sich in der Männerwelt
des beruflichen Alltags verhalten, um ihre Ambitionen
erfolgreich zu verwirklichen? Das Buch liefert
konkrete Entscheidungs- und Orientierungshilfen.

Stand der Angaben und Preise: 1.7.1993
Änderungen vorbehalten.

GABLER

Betriebswirtschaftlicher Verlag Dr. Th. Gabler,
Taunusstraße 52-54, 65183 Wiesbaden